Eugen Semrau

ROBERT STOLZ

Sein Leben. Seine Musik.

Eugen Semrau

ROBERT STOLZ

Sein Leben. Seine Musik.

Residenz Verlag

www.residenzverlag.at

Gestaltung, Produktion: typic®/wolf
Druck und Bindung: Wiener Verlag, Himberg
Printed in Austria
ISBN 3-7017-1309-X

Inhalt

Für meine Frau Laura, als Dank
für ihre Geduld und
als Entschuldigung für die
vielen Monate meiner geistigen
Abwesenheit.

Vorwort

»Wer Biograph wird, verpflichtet sich zur Lüge, zur Verheimlichung, Heuchelei, Schönfärberei und selbst zur Verhehlung seines Unverständnisses, denn die biographische Wahrheit ist nicht zu haben, und wenn man sie hätte, wäre sie nicht zu brauchen«.

SIGMUND FREUD

Robert Stolz (1880–1975) hat fast ein Jahrhundert erlebt und mit seiner Musik mitgestaltet. Mit seinen Bühnenwerken – Operetten, Musicals und Singspielen –, der Musik zu vielen Filmen und zahllosen Liedern war er wahrscheinlich der produktivste Komponist seiner Epoche und wurde schon zu Lebzeiten zu einer Legende.

Seine frühen Biographen haben Robert Stolz zu einer von Geschichte und G'schichterln umrankten Figur gemacht. Dies gilt vor allem für die eher literarisch angelegten Werke von Gustav Holm (1948) und Othmar Herbrich (1975), durch die, vom Komponisten offensichtlich autorisiert, einige bis heute kursierende Stolz-Legenden in die Welt gesetzt wurden. Das vergleichsweise gut recherchierte Buch von Attila Láng (1980) beschränkt sich gleichfalls auf ein chronologisches Nachzeichnen des Lebens von Robert Stolz bis zu seinem Tod im Jahre 1975. Die gleichfalls im Jubiläumsjahr 1980 posthum erschienene Autobiographie *Servus Du* gibt zwar Robert und Einzi Stolz als Autoren an, entstand aber nach Erzählungen, Tonbändern und Dokumenten von Robert Stolz, die von Aram Bakshian aufgezeichnet und verarbeitet wurden. Die Schilderung des Lebensabschnitts ab 1946 stammt allein von Einzi Stolz, die das Buch auch redigiert haben dürfte. Dieses umfangreiche Werk hat aber leider manches weiter im Unklaren gelassen und dem Bild von

Robert Stolz weitere Legenden hinzugefügt. Das gilt auch für die letzte, 1989 in Ostberlin verlegte Biographie von Klaus Eidam, die aber immerhin auch schwerer zugängliche Quellen verarbeitet und in Ansätzen auch eine musikalische Bewertung des Œuvres von Robert Stolz versucht. Kaum Beachtung in der Stolz-Literatur gefunden hat die umfangreiche musikwissenschaftliche Auseinandersetzung mit dem Werk von Robert Stolz, die Franz Hertel 1978 als Dissertation vorgelegt hat. Das ist bedauerlich, denn Hertels Erkenntnisse hätten dem Ton der Adoration, der sämtliche biographische Werke durchzieht, einige neue und überraschende Harmonien hinzufügen können. Sämtliche genannten Biographien sind heute vergriffen.

Die Stolz-Literatur wird, zumindest aus heutiger Sicht, der Persönlichkeit des Komponisten und seiner tatsächlichen Rolle im Musikgeschehen seiner Zeit nicht immer gerecht. Die Medien, aber auch manche fragwürdige Versuche, seinem Werk über den wahren Wert hinaus Bedeutung zu verleihen, haben in Stolz' letzten Lebensjahrzehnten ein kitschig-nostalgisches Image geschaffen, das auf der einen Seite die öffentliche Präsenz seiner Musik erstaunlich lange konservieren konnte, es auf der anderen Seite aber den Nachkriegsgenerationen von Musikfreunden fast unmöglich gemacht hat, sich mit dem Werk dieses Komponisten vorurteilsfrei auseinanderzusetzen. Dieses Buch will jetzt, mehr als fünfundzwanzig Jahre nach seinem Tod, dazu beitragen, den Schleier, gewebt aus Legenden und G'schichterln, etwas zu lüften, und versucht eine vielschichtige Musikerpersönlichkeit würdigen, deren wirkliche Bedeutung von ihren Bewunderern überschätzt, vom weitaus größeren Rest der Musikwelt aber bis heute unterschätzt wird.

Das Leben und die einmalige Karriere des Robert Stolz werden in diesem Buch nicht chronologisch dargestellt, sondern in Themenblöcke gegliedert. Die ersten drei Abschnitte sind seiner Karriere als Komponist und Dirigent, seinem Privatleben und dem Verhältnis zur Politik, insbesondere in der Zeit des Nationalsozialismus, gewidmet. Der vierte Abschnitt versucht eine Einordnung seines umfangreichen Schaffens für Bühne und Film in einen zeit- und musikgeschichtlichen Zusammenhang, ein weiteres Kapitel behandelt die nach dem Tode des Komponisten einsetzende Stolz-Rezeption. Ergänzt wird das Buch durch ein Eingehen auf das diskographische Erbe des Komponisten und eine Auseinandersetzung mit seinen Leistungen als Dirigent.

Robert Stolz war zweifellos kein Avantgardist, aber ein musikalischer Pionier der Unterhaltungsindustrie. Er war kein »früher Pop-Star« wie Johann Strauß, aber ein ungeheuer vielseitiger und produktiver Komponist, dessen beste Schöpfungen auch heute noch bestehen können. Darüber hinaus war er ein Herr der alten Schule und ein österreichischer Patriot. Seine Operetten werden kaum mehr gespielt, die über fünfzig Filme, die er musikalisch betreut hat, sind nur mehr Cineasten bekannt. Sein musikalisches Vermächtnis auf Schallplatte und CD ist, gemessen an der ungeheuren Fülle seines Œuvres, schmal geworden. Aber viele seiner Lieder sind nach wie vor Evergreens und haben ihren Platz im kollektiven Gedächtnis der Musikwelt gefunden.

Persönlich habe ich Robert Stolz nur flüchtig gekannt. Zweimal erlebte ich den alten Herren am Dirigentenpult. Einmal bei einer Silvestervorstellung der *Fledermaus* in der Wiener Staatsoper und dann bei einer Premiere der Eisrevue in der Wiener Stadthalle. Beide Male durfte ich meinen Großvater Carl Schiffleitner begleiten; meine Großeltern waren mit dem Ehepaar Stolz befreundet.

Die biographische Wahrheit ist natürlich auch in diesem Buch nicht zu haben. Bestenfalls eine Annäherung. Aber vielleicht etwas anders. Große Interpreten wie Jan Kiepura, Richard Tauber, Fritz Wunderlich, Marlene Dietrich, Michael Heltau oder die Milva konnten mir die Lieder des Robert Stolz im Laufe der Jahre näherbringen. Dabei wußte ich fast nie, von wem diese Lieder stammten. Aber seine Melodien haben mein musikalisches Erwachsenwerden begleitet. So schreibe ich dieses Buch auch, um mich zu erinnern.

Dank schulde ich vor allem Gerhard Menhard für seine wertvollen Informationen und Hinweise, die aus einem jahrelangen persönlichen Naheverhältnis zum Ehepaar Stolz stammen. Sie haben diesem Buch Substanz gegeben. Weiters danke ich Markus Patka, Kurt Apfel, Jean-Marc Teuchtler und Irene Grillnberger für ihre Unterstützung bei den Recherchearbeiten sowie Preiser-Records für die Zusammenstellung der beiliegenden CD. Mein besonderer Dank gilt Monika Mertl, die mein Manuskript mit Sorgfalt und Sachkenntnis lektoriert hat.

Wien, im August 2002
Eugen Semrau

Erster Teil: Johann Strauß – Ende und Anfang

Der alte Herr, der da am Silvesterabend des Jahres 1963 zum Dirigentenpult der Wiener Staatsoper schritt, konnte bereits auf ein langes und erfülltes Künstlerleben zurückblicken. Auf Triumphe und Abstürze, auf fünf Ehen, wirtschaftliche Katastrophen, menschliche Enttäuschungen und ein freiwilliges Exil. Robert Stolz war bereits eine Legende – für viele der letzte Meister der Wiener Operette, Schöpfer weltweit bekannter Melodien und ein Dirigent höchster Weltklasse. Für andere aber war er nur eine Figur aus der Klatschpresse und ein Kitschkomponist, dessen beste Zeit schon lange vorbei war.

Sein Leben lang hatte er darunter gelitten, nicht als »seriös« zu gelten und als ernsthafter Dirigent nicht anerkannt zu sein. Daher mußte ihm dieser Abend eine besondere Genugtuung bedeuten. Es war ein spätes Debüt, und mit Sicherheit war Stolz mit seinen dreiundachtzig Jahren der älteste Debütant, den das Haus am Ring je erlebt hatte. Auf dem Programm stand die Operette *Die Fledermaus* von Johann Strauß, mit Chor und Orchester der Wiener Staatsoper und den Solisten Eberhard Wächter (Eisenstein), Hilde Güden (Rosalinde), Erich Kunz (Frank), Gerhard Stolze (Prinz Orlofsky), Giuseppe Zampieri (Alfred), Renate Holm (Adele) und Otto Schenk (Frosch).

Robert Stolz hatte das Werk im Laufe seines langen Lebens sicher schon viele Male dirigiert. Als der alte Herr den Orchestergraben betrat, erhoben sich Publikum und Orchester zu einer stehenden Ovation. Wahrscheinlich war aber einem Großteil des Publikums die Tatsache gar nicht bewußt, daß Robert Stolz an diesem Abend zum ersten Mal als Dirigent in der Wiener Staatsoper auftrat und wie lange er auf diesen Augenblick hatte warten müssen.

Die Vorstellung wurde zu einem Triumph für den greisen Maestro. Und wie es manchmal passiert, wurde *Die Fledermaus* unter Robert Stolz an der Staatsoper rasch eine wienerische Institution, als hätte es das schon immer gegeben. Stolz und Strauß, das war wie ein altes Ehepaar, das man schon lange kannte und sich leicht gemeinsam vorstellen konnte.

Am 14. Februar des Jahres 1967 kam es zu einer denkwürdigen Festvorstellung der Strauß-Operette anläßlich eines offiziellen Besuchs des damaligen jugoslawischen Staatspräsidenten Marschall Tito in Österreich. Stolz konnte durchsetzen, daß der Walzer *An der schönen blauen Donau* als Balletteinlage in das Finale des zweiten Aktes eingefügt wurde. Und so erklang dieser berühmteste aller Walzer hundert Jahre nach seinem Entstehen zum ersten Mal in der Wiener Staatsoper. Beim anschließenden Galaempfang in Schloß Schönbrunn wurde Robert Stolz Tito vorgestellt. Der Marschall gratulierte Stolz mit warmen Worten und gestand dem Maestro seine Liebe zur Operette. Dann fragte Tito: »Sie waren doch der Walzerkönig von Maribor, nicht wahr?«

Der Walzerkönig von Maribor. Das war der erste inoffizielle Titel für den damals noch nicht zwanzigjährigen Musiker. Denn im damaligen Marburg an der Drau, nicht mehr als siebzig Kilometer von seiner Geburtsstadt Graz entfernt, hatte vor fast siebzig Jahren die Karriere des Robert Stolz mit einem Engagement als zweiter Kapellmeister am dortigen Stadttheater begonnen.

Nach einem unbezahlten Jahr als Ballett- und Opernkorrepetitor am Grazer Theater war Marburg das erste bezahlte Engagement des jungen Musikers. Marburg war Garnisonstadt eines Infanterieregiments, und die Aufführungen fanden im Offizierskasino des Ortes statt, das für ein paar Monate im Jahr zum Theater umfunktioniert wurde. Der Vertrag, mit dem der Achtzehnjährige zunächst für eine Wintersaison als zweiter Kapellmeister engagiert wurde, sah neben einer Dirigententätigkeit auch die Verpflichtung vor, fallweise als Sänger oder Schauspieler aufzutreten, was Stolz manchmal aus Zeitgründen dazu zwang, im Statistenkostüm zu dirigieren.

Als Stolz in Marburg den *Zigeunerbaron* dirigieren sollte, gab es kein Orchester. Der Direktor beruhigte ihn: das Orchester werde schon kommen. Indessen gingen die Proben mit Klavier weiter, vom Orchester weiterhin keine Spur.
Knapp zwei Tage vor der Premiere erschien eine Zigeunerkapelle, deren Musiker weder Johann Strauß, noch den *Zigeunerbaron* kannten und auch keine Noten lesen konnten.
»Junger Mann«, instruierte der Direktor den verblüfften Dirigenten, »Sie spielen den Musikern ihren Part auf dem Klavier vor, und die fiedeln das aus dem Gehör nach!«
Das klappte phänomenal. Die Zigeuner erwiesen sich als Vollblutmusikanten und als Gedächtnisakrobaten. Die

Robert Stolz

Premiere wurde ein Bombenerfolg: »Das war der waschechteste *Zigeunerbaron* meines Lebens!« erinnerte sich Robert Stolz.

In dieser Zeit kommt es auch zu einer Begegnung, die das künstlerische Leben des jungen Musikers nachhaltig verändern sollte. Im Frühling des Jahres 1899 ist der junge Walzerkönig von Marburg auf Urlaub in Wien. Er entschließt sich spontan zu einem Besuch in der Hofoper, um Johann Strauß dirigieren zu hören. Während seines Weges über die Ringstraße mag ihm in den Sinn gekommen sein, daß sein Vater den Erfolgen seines Freundes Strauß immer kritisch gegenübergestanden war. Jakob Stolz hatte zu Brahms gemeint, er fände es eine Schande, daß ihr gemeinsamer Freund Johann niemals versucht hätte, seriöse Musik zu schreiben. Brahms korrigierte seinen Freund: »Unser Freund Johann ist ein Klassiker, wie Mozart oder Schubert«, soll Brahms gesagt haben. (Nach anderen Quellen stammt dieser Vergleich von der jungen Alma Schindler, die 1899 nach dem Tod von Johann Strauß in ihrem Tagebuch notierte: »Meiner Meinung nach durch und durch Classiker und das größte musikalische Genie, das je gelebt hat. … Ich stell ihn neben Schubert und Brahms, er war ein Classiker«. Mayer: S. 9)

Das Publikum klatscht in freudiger Erwartung bereits Minuten von dem Auftritt des Mega-Stars: »Dann tauchte er plötzlich auf – im Frack, schlank, elegant und diskret geschnürt. Schlank und elegant, die Hand ans Herz gepreßt, nahm er die Huldigungen entgegen. Er verbeugte sich und lächelte unter seinem gefärbten Schnurrbart, lächelte und verbeugte sich wieder, bis das Klatschen endlich andächtiger Stille wich. Die Finger in den weißen Glacéhandschuhen griffen zum filigrangeschmückten Taktstock. Die Armreifen an seinem Handgelenk glitzerten, der Taktstock wirbelte durch die Luft, der Klang des Orchesters schwoll gewaltig an und das Universum schien sich im Dreivierteltakt zu drehen«. (Morton: S. 145)

Obwohl an diesem Tag klar zu erkennen ist, daß der Maestro nicht mehr gesund ist, triumphiert seine Genialität über alle Mängel der Physis. Strauß dirigiert die *Fledermaus*-Ouvertüre souverän und mit Leidenschaft, holt jeden Funken Temperament und alles Gefühl aus seiner Partitur heraus. Dann läßt er sich von Joseph Helmesberger ablösen. Für den jungen Stolz sind diese paar Minuten aber reine Magie:

Ich war zu überwältigt, um zu applaudieren. Irgend etwas war mit mir geschehen. Ich war nur ins Theater gegangen, um mich zu unterhalten, aber als ich das Singen und Spielen so von Herzen genoß und als ich die begeisterte Reaktion des Publikums spürte, das unversehens zu einer einzigen, glücklichen Familie wurde, die zu den Walzerrhythmen hin- und herschwang, schenkte mir der Abend eine künstlerische Erkenntnis: Es wurde mir klar, obwohl ich klassische Musik doch wirklich liebte, daß mein Schaffen in erster Linie der Operette und dem Walzer gelten müßte. Wenn es meinem Vermögen entsprach, wollte ich in die Fußstapfen dieses großartigen musikalischen Genies treten. (Stolz: S. 83)

Der junge Stolz nimmt seinen Mut zusammen und sucht Strauß in dessen Garderobe auf. Strauß, erschöpft von dem Auftritt, empfängt den Sohn seines Freundes Jakob freundlich und lädt ihn für den nächsten Tag zu sich nach Hause zum Mittagessen ein.

Stolz ist wie paralysiert und kann den nächsten Tag kaum erwarten. Das Haus in der Igelgasse, von den Wienern das »Palais Strauß« genannt, erscheint ihm wie ein Märchenschloß. Er genießt die Gastfreundschaft des Meisters und seiner Frau Adele, ein einfaches Kalbsgulasch und den Champagner. Er erzählt von seiner Familie und seinen ersten musikalischen Erfahrungen. Nach dem Essen setzt sich Strauß ans Klavier und spielt ein Potpourri aus seinen bekannten und unbekannteren Werken. Stolz ist fasziniert von den scheinbar alterslosen, eleganten Händen des Maestro, wie sie ihm gleichsam die Geschichte seines eigenen Künstlerlebens darbieten. Dann fordert Strauß seinen jungen Gast auf, selbst etwas zu spielen:

Ich war gerne bereit. Im Augenblick schien mir spielen leichter als reden. Nun wäre es ein Sakrileg gewesen, Strauß meine eigene Version seiner Kompositionen vorzuspielen. Deshalb wählte ich einige kleine Mozartstücke und noch ein paar Melodien eigener Komposition, die ich schon lange im Kopf hatte, ohne sie je zu Papier gebracht zu haben.

»Der Mozart war gut«, sagte Strauß und legte mir väterlich die Hand auf die Schulter. »Allerdings gibt und gab es schon immer gute Mozart-Interpretationen, seit er mit dem Komponieren angefangen hat. Aber die kleinen Melodien zum Schluß, die habe ich nicht erkannt. Von wem sind die?«

»Von mir Meister«, stotterte ich.

»Dann würde ich Ihnen raten, junger Mann, Ihrem Hang zu folgen. Sie können da sicher etwas Neues schaffen, etwas, das wirklich aus Ihrem Innersten kommt und Erfolg haben könnte … Sie sind sehr jung, aber man ist nie so jung wie man glaubt. Fassen Sie einen Entschluß über Ihre Musik. Und wenn Ihnen klar geworden ist, daß Walzer und Operette Ihr Gebiet sind, wovon auch ich überzeugt bin, dann fangen Sie jetzt an, nicht nächsten Monat oder nächstes Jahr. Tun Sie etwas, irgend etwas. Aber fangen Sie

an! Je früher Sie es tun, desto früher werden Sie fähig sein, Ihre beste Arbeit zu leisten, Ihre vollendete Arbeit«. (Stolz: S. 86 f.)

So hat, zumindest in der Erinnerung von Stolz, der Walzergott persönlich den jungen Kapellmeister auf den für ihn richtigen Weg geführt. Die genauen Umstände dieser Begegnung sind allerdings in den Erinnerungen des Komponisten sicher verklärt dargestellt. Strauß trat in den letzten Jahren seines Lebens wegen seines schlechten Gesundheitszustands nur noch sporadisch auf. Daß er sich in seinem Todesjahr die Leitung einer gesamten Vorstellung zugemutet hätte, ist äußerst unwahrscheinlich. Es muß daher wohl Pfingstmontag, der 22. Mai 1899 gewesen sein, denn für diesen Tag konnte Hofoperndirektor Mahler Strauß noch einmal für einen Kurzauftritt in einer Matineevorstellung seines wohl populärsten Bühnenwerkes gewinnen. Nach Ansicht von Attila E. Láng war der junge Stolz an diesem Tag in Begleitung seines Vaters, und das Mittagessen im Hause Strauß fand am selben Tag statt. Johann Strauß starb wenige Wochen später, am Nachmittag des 3. Juni 1899, an einer Lungenentzündung.

Nach Marburg zurückgekehrt, schrieb Robert Stolz die Singspielposse *Studentenulke*, ein auch in seiner Erinnerung schwaches Werk, aber immerhin ein erster Versuch. Im Blitztempo mit nur einer Probe einstudiert, erzielte die Aufführung vor allem einen Heiterkeitserfolg. (Holm: S. 62)

1902 wurde Stolz als Kapellmeister für die Operette an das Salzburger Stadttheater engagiert und komponierte dort die Operette *Schön Lorchen*, die 1903 in der Mozartstadt uraufgeführt wurde. Dieses Werk konnte sich gleichfalls nicht durchsetzen, was Stolz aber sogar positiv beurteilt. Er meinte, ein zu früher Erfolg hätte ihn davon abgehalten, sein Handwerk wirklich gründlich zu erlernen.

Nach der Ableistung seines Präsenzdienstes bei der Sanität, der nur einige Wochen dauerte, ging Stolz mit einem Wiener Operetten-Ensemble auf eine Rußlandtournee, die ihn nach Moskau, St. Petersburg, Kiew und Odessa führte. In Petersburg erreichte ihn ein Telegramm seines Vaters mit der Nachricht von einer schweren Erkrankung seiner Mutter. Stolz brach die Tournee ab, fuhr mit dem Zug drei Tage und drei Nächte lang zurück nach Graz und konnte in ihrer letzten Stunde bei ihr sein.

Knochenarbeit mußte Stolz dann in seinem nächsten Engagement leisten, als zweiter Kapellmeister am Deutschen Theater in Brünn. Die mährische Hauptstadt, drei Schnellzugstunden von Wien entfernt, war damals eine der Metropolen der Donaumonarchie mit rund einer Viertelmillion Einwohner, ein Zentrum der Textilindustrie und eine Stadt mit einer sehr musikverständigen Bevölkerung. Das Deutsche Theater hatte einen guten Ruf, und es war für einen jungen Musiker mit Prestige verbunden, dort engagiert zu sein. Das Haus, nach Plänen des Duos Hellmer & Fellner, den Architekten des Volkstheaters in Wien und des Stadttheaters in Graz erbaut, verfügte über eine sehr gute Akustik und ein Orchester von zweiundvierzig professionellen Musikern, das bei stark besetzten Opern auf zweiundsiebzig Mann aufgestockt werden konnte.

Für Stolz zeichnete sich jetzt eine seriöse Karriere als Opern- und Operettendirigent ab. Da der erste Kapellmeister Veit gesundheitlich nicht auf der Höhe war, mußte der zweite oft einspringen und arbeitete sich auf diese Weise durch ein umfangreiches Repertoire. So dirigierte Stolz etwa im Februar 1905 das lyrische Drama *Tatjana*, eine Neufassung von Franz Lehárs *Kukuska* in einer Bearbeitung durch Max Kalbeck. Er leitete auch zwei weitere Opernuraufführungen, *Das goldene Kreuz* von Ignaz Brüll und *Götz von Berlichin-*

gen von Karl Goldmark, letztere sogar zur besonderen Zufriedenheit des anwesenden Komponisten.

Aufgrund seiner Erfolge als Opernkapellmeister wurde sein Vertrag mit dem Deutschen Theater nach Ablauf der Spielzeit um weitere drei Jahre verlängert, so daß Stolz sich ohne finanzielle Sorgen auch wieder dem Komponieren widmen konnte. Seine nächste Operette, *Manöverliebe*, erlebte aber nach einem beachtlichen Premierenerfolg nur fünfzehn Vorstellungen, trotz der Mitwirkung des brillanten jungen Komikers Hubert Marischka.

In der Brünner Zeit von Robert Stolz begann auch die Freundschaft mit Maria Jeritza. Sie war ihm damals bereits durch ihre exzeptionelle Stimme im Opernchor aufgefallen. Er vermittelte der jungen Elevin Maria Jedlitzka, wie sie damals noch hieß, einen Gesangslehrer und legte damit den Grundstein für ihre Weltkarriere. Diese begann dann im Sommer 1910 mit ihrem Debüt als Zorika in Franz Lehárs *Zigeunerliebe* in Bad Ischl. In späteren Jahren setzte sich die Diva während des Pariser Exils von Robert Stolz dann ihrerseits durch Interventionen bei den amerikanischen Behörden für ihn ein, um ihm eine sichere Ausreise nach Amerika zu ermöglichen.

Neues Leben für die Operette

Zu Beginn des zwanzigsten Jahrhunderts lag die Wiener Operette nach den Strauß'schen Höhenflügen in Agonie: »Mit Johann Strauß«, so schrieb Alexander Witeschnik, »starb nicht bloß das Lächeln des Ringstraßen-Wien: ein ganzes Zeitalter mitsamt seinem Lebensgefühl sank ins Grab. Die Wiener Tanzoperette aber erstarrte. Strauß hatte die Gattung nicht bloß geschaffen, er hatte sie auch ausgeschöpft. Die nachher kamen, konnten Neues nicht mehr geben«. (Witeschnik: S. 63)

Daß es im ersten Dezennium des neuen Jahrhunderts trotzdem zu einer Renaissance dieses Genres kam, war verschiedenen glücklichen Umständen zu danken. Entgegen der Ansicht von Witeschnik traten in dieser Zeit Komponisten hervor, die sehr wohl imstande waren, etwas Neues zu schaffen. Einer davon war Leo Fall mit seiner Operette *Der fidele Bauer*. Nicht nur die Handlung im unüblichen, derb-bäuerlichen Milieu war ungewöhnlich, sondern vor allem die Musik, ein neuartiger und ungekünstelter Ton, fern von Salonallüren und Heurigenbanalitäten. Falls Partitur verband eingängige Schlichtheit mit höchstem harmonischem und melodischem Raffinement. *Der fidele Bauer* wurde am 27. Juli 1907 bei von Victor Léon organisierten Operettenfestspielen in Mannheim mit Robert Stolz als Dirigent uraufgeführt und landete einen Sensationserfolg. Sechs Monate später war das Werk bereits im Repertoire fast aller deutschen Bühnen.

In der Operettenhauptstadt Wien hatte das Theater an der Wien um die Jahrhundertwende stürmische Zeiten durchlebt. Das traditionsreiche Haus, Schauplatz der Uraufführungen von Mozarts *Zauberflöte* und Beethovens *Fidelio* sowie der meisten Bühnenwerke von Johann Strauß, war in der Krise. In dieser Situation bekam das Theater 1901 einen neuen Direktor. Vilmos Karczag, ehemaliger Theaterkritiker einer Budapester Zeitung, war ein kühler Geschäftsmann, der zu tiefgreifenden Reformen entschlossen war. Der neue Direktor überstand die ersten beiden Spielzeiten mit einem Repertoire, das vor allem aus bewährten älteren Operetten zusammengesetzt war. »Man muß sich nach dem Publikum strecken«, war sein Erfolgsprinzip. Karczag riskierte es aber auch, in den Sommermonaten andere Theater zu Gastspielen einzuladen. So bekamen die Wiener im Juli 1905 etwa Max Reinhardts bis heute vorbildliche Inszenierung von Shakespeares *Ein Sommernachtstraum* in einer Produktion des Neuen Theaters Berlin zu sehen.

Den ersten relativen Erfolg mit einer neuen Operette konnte Karczag mit *Bruder Straubinger* von Edmund Eysler im Februar 1903 verbuchen. Alexander Girardi war in der Titelrolle zu sehen. Ein totaler Mißerfolg wurde dagegen 1904 *Die Juxheirat* von Franz Lehár, in den man einige Hoffnungen gesetzt hatte: »Das Publikum, das im Theater geistige Erhebung sucht, hat diesen textlichen und musikalischen Unsinn definitiv satt und will nicht mehr damit belästigt werden«, schrieb damals ein namhafter Musikkritiker.

Karczag wollte Lehárs neues Opus *Die lustige Witwe* erst gar nicht annehmen, da er nicht an die Zugkraft des Werkes glaubte: »Das is ka Musik«, soll er gesagt haben. Aber er hatte keine Wahl. Denn im November 1905 hatte auch Leo Fall mit seiner Erstlings-Operette *Der Rebell*, vor allem wegen eines sagenhaft schlechten Librettos, einen klassischen Durchfall erleben müssen. Und einen weiteren Mißerfolg konnte sich Karczag nicht leisten.

Die lustige Witwe mußte unter widrigen Bedingungen und in kürzester Zeit einstudiert werden. Auch die Ausstattung war dürftig, teilweise aus dem Fundus und teilweise ausgeborgte Versatzstücke aus privatem Besitz.

Lehár dirigierte die Premiere am 30. Dezember 1905, und es wurde zwar zunächst kein überwältigender Publikumserfolg, aber immerhin auch kein Flop. Die Pressereaktionen waren sogar überwiegend positiv. So berichtete etwa Ludwig Karpath im »Neuen Wiener Tagblatt« von einem »enthusiastischen Erfolge« und bewies sogar prophetische Gaben: »Endlich eine Operette, wie sie sein soll, ein feines, sauberes und doch ungemein amüsantes Buch, dazu eine geistreiche, entzückende Musik, ... die in kürzester Zeit in ganz Wien populär sein wird«. Trotz dieser Publicity verkauften sich die ersten Vorstellungen nur schleppend, was später zur Legende vom Premierendurchfall der *Lustigen Witwe* führte. Man behalf sich mit einer großzügigen Ausgabe von Freikarten. Aber dann kam es allein durch Mundprodaganda zu einem Theaterwunder. Im Februar 1906 war die Vorstellung erstmals ausverkauft, es folgten über vierhundert Aufführungen in Serie, ein Wiener Theaterrekord für die damalige Zeit, der lange nicht überboten werden sollte.

Einer der begeisterten Zuhörer, der nach eigenen Angaben mehrmals auf der Galerie zu finden war, sollte später in einem ganz anderen Zusammenhang traurige Berühmtheit erlangen. Sein Name war Adolf Hitler. (Grun: S. 284) Rosa Albach-Retty, die Großmutter von Romy Schneider, will sich sogar daran erinnern, daß der junge Hitler versucht haben soll, im Chor des Theaters an der Wien unterzukommen und nur deswegen nicht genommen wurde, weil er sich zu dieser Zeit keinen eigenen Frack leisten konnte.

Robert Stolz dirigiert Lehárs Meisterwerk zum ersten Mal am Abend des 7. September 1907. Es ist sein Debüt als erster Kapellmeister im Theater an der Wien und gleichzeitig die vierhundertvierundzwanzigste Vorstellung der *Lustigen Witwe*. Die Ansicht einiger Biographen, Stolz habe den ersten Serienlauf von Lehárs Meisterwerk betreut oder sei gar der Uraufführungsdirigent gewesen, ist nachweisbar falsch. Er war zu dieser Zeit in Brünn engagiert und gab dort erst am 29. Mai 1907 seine Abschiedsvorstellung. Es ist dies eine der vielen Legenden, die sich um die Karriere von Stolz gebildet haben und bis heute kolportiert werden. Stolz selbst hat diese Legende in seinen Erinnerungen verfestigt, indem er behauptete, er sei es gewesen, der als Dirigent die erste Aufführungsserie der *Lustigen Witwe* geleitet habe, und Lehár habe am Premierenabend lediglich seinen Platz als Hausdirigent eingenommen. (Stolz: S. 159 und 161)

Tatsächlich wurden die ersten fünfundzwanzig Vorstellungen der *Lustigen Witwe* von Franz Lehár persönlich dirigiert, der dann auch bei der fünfzigsten, fünfundsiebzigsten und hundertsten Aufführung am Pult stand. Die restlichen Abende bis zur hundertneunzehnten Vorstellung am 29. April 1906 wurden von Wilhelm Eckstein geleitet. Robert Stolz dirigierte dieses Werk nach seinem Engagement als erster Hauskapellmeister des Theaters an der Wien bis zum Jahresende 1907 insgesamt vierzehnmal. Dies geht aus den gesammelten Theaterzetteln des Theaters an der Wien hervor, die in der Theatersammlung der Österreichischen Nationalbibliothek aufliegen.

Diese autobiographische Ungenauigkeit kann aber die Rolle von Robert Stolz bei der Renaissance der Wiener Operette überhaupt nicht schmälern. Zwischen September 1907 und Mai 1910 stand er fast täglich am Dirigentenpult des Theaters an der Wien. Er betreute den Premierenlauf von *Die Dollarprinzessin* von Leo Fall, *Der tapfere Soldat* von Oscar Straus, *Der Graf von Luxemburg* von Lehár, *Herbstmanöver* von Emmerich Kálmán, aber auch eine äußerst gut rezensierte Produktion des Klassikers *Orpheus in der Unterwelt* von Jacques Offenbach. Alle diese Produktionen wurden durchschlagende Publikumserfolge. Am 29. September 1907 dirigierte Stolz seine erste *Fledermaus* im Theater an der Wien und am 1. Dezember desselben Jahres den *Zigeunerbaron*. Als er sich am 10. Mai 1910 mit der hunderteinundsiebzigsten Vorstellung des *Grafen von Luxemburg* verabschiedete, hatte das silberne Zeitalter der Operette längst begonnen, und Robert Stolz konnte sich mit Recht als einer der Mentoren dieser Renaissance fühlen.

In der »silbernen« Periode zwischen 1908 und 1923 wurden in Wien insgesamt vierhundertvierzehn Operetten und Singspiele uraufgeführt, davon waren zweihundertsiebenundfünfzig Werke abendfüllende Dreiakter. Folgt man dem Operettenhistoriker Bernhard Grun, dann konnten davon allerdings nur neununddreißig Werke den Anspruch erheben, weit überdurchschnittliche Erfolge gewesen zu sein. Davon stammten sieben von Franz Lehár, je sechs von Leo Fall und Emmerich Kálmán, fünf von Jean Gilbert und je vier Werke von Edmund Eysler und Oscar Straus. Und nur zwölf Operetten, die in dieser Periode geschaffen wurden, können laut Grun als absolute Meisterwerke gelten. (Grun: S. 390 f.)

Die tatsächliche Rolle von Robert Stolz in dieser »silbernen« Periode der Wiener Operette ist daher nicht leicht zu beurteilen. Unbestritten sind seine Verdienste als Dirigent. Seine Bedeutung als Komponist muß aber differenzierter gesehen werden. Tatsache ist, daß Stolz in diesem Zeitraum mit fünfunddreißig Werken der meistaufgeführte Komponist war, weit vor den »großen Vier«. In der Erfolgsstatistik folgen auf Stolz Edmund Eysler mit dreißig, Leo Ascher mit achtzehn, Oscar Straus mit sechzehn, Leo Fall mit fünfzehn, Franz Lehár und Jean Gilbert mit je vierzehn, Ralph Benatzky mit dreizehn sowie Emmerich Kálmán und Bruno Granichstaedten mit je zehn Werken. Trotz dieser unvergleichlichen Produktivität war aber fast keinem der Werke von Stolz ein nachhaltiger Erfolg beschieden. Mit einer Ausnahme: der 1920 komponierte volksstückhafte Zweiakter *Das Sperrsechserl* war wahrscheinlich sein größter Bühnenerfolg überhaupt.

Diese Operettenposse aus der »guten alten Zeit« ist ein echtes musikalisches Volksstück, in dem nicht irgendwelche Adeligen oder Salonlöwen im Mittelpunkt stehen, sondern die kleinen Leute aus der Wiener Vorstadt. Es ist eine Geschichte um Liebe und Eifersucht, Verwechslungen und Verwirrungen, mit Anklängen an die *Fledermaus* und einem Happy-End, zu der Stolz eine stimmige, charakterisierende Musik eingefallen ist. Uraufgeführt im Wiener Komödienhaus in der Nußdorferstraße, hielt sich dieses Stück jahrelang im Repertoire verschiedener Wiener Theater und brachte es nach Attila Láng bis zum Ausbruch des Zweiten Weltkriegs auf insgesamt etwa zweitausend Vorstellungen. Die aus diesem Stück stammende Nummer *A klane Drahrerei* erlangte bald den Status eines Wienerliedes und ist heute noch populär.

Das Sperrsechserl war die erste erfolgreiche Zusammenarbeit von Stolz mit Alfred Grünwald (1884–1951), einem Wiener Bohemien und einem der besten Librettisten seiner Zeit. Grünwald, der sich auf seiner Visitenkarte »Bühnenschriftsteller« nannte, arbeitete für fast alle bedeutenden Operettenkomponisten, wie Emmerich Kálmán, Leo Ascher, Franz Lehár, Leo Fall, Oscar Straus, Edmund Eysler und Paul Abraham. Für Robert Stolz hatte Grünwald vor dem *Sperrsechserl* bereits 1909 das Buch zu den *Lustigen Weibern von Wien* und mehrere Liedtexte verfaßt.

Robert Stolz schrieb in diesen Jahren noch rund zwanzig neue Operetten, darunter *Das Glücksmädel* (1910), das volkstümliche *Lumperl* (1915), *Der Favorit* (1916), das poetische *Lang, lang ist's her* (1917), *Der Tanz ins Glück* (1921), *Die Tanzgräfin* (1921) und *Mädi* (1923): »Alles gut gemachte, brauchbare Durchschnittsoperetten, die brav dem Tagesbedarf dienten, denen jedoch das blitzende Funkeln der großen Eingebung abging«, wie Bernhard Grun meint. (Grun: S. 395)

Dieses eher abwertende Urteil trifft aber nur zum Teil zu. Die Stolz-Schöpfung *Das Glücksmädel*, uraufgeführt am 10. Oktober 1910 im Raimundtheater, brachte zwar »wienerische Hausmusik«, wie das »Wiener Fremdenblatt« schrieb, und wurde von der »Neuen Freien Presse« als »längst fällige Heurigenoperette« abgekanzelt, konnte aber dank Alexander Girardi einen großen Publikumserfolg landen. Die Premiere der Operette *Der Favorit*, 1916 an der Komischen Oper Berlin, wurde auch ein Mißerfolg, aber das ursprünglich für eine Frauenrolle geschriebene Lied *Du sollst der Kaiser meiner Seele sein* wurde in der Interpretation durch den großartigen Tenor Joseph Schmidt ein internationaler Hit. Die dreiaktige abendfüllende Operette *Tanz ins Glück*, nach einem Libretto von Robert Bodanzky und Bruno Hardt-Warden, wurde international nachgespielt, in England als *Whirled into Happyness*, in Italien als *Danza la fortuna* und in Frankreich unter dem Titel *Danse vers le bonheur*.

Im August 1923 begann Robert Stolz mit der Komposition der Vaudeville-Operette *Der Hampelmann*, nach einem Libretto von Gustav Beer und Fritz Lunzer. Dieses Werk wurde am 9. November desselben Jahres im Wiener Komödienhaus uraufgeführt und diente als Vorlage für den gleichnamigen Film mit Max Hansen, der 1930 produziert wurde.

Mädi, gleichfalls 1923 in Berlin uraufgeführt, war der durchaus erfolgreiche Versuch, eine »moderne« Operette zu schreiben. Das Buch von Alfred Grünwald und Leo Stein entwickelt eine Geschichte um eine junge Dame, die sich ausgerechnet in einen Scheidungsanwalt verliebt, der Vorstand einer Anti-Ehe-Vereinigung ist. Die Musik kommt fast ohne falsches Sentiment aus und setzt auf Schwung und Amüsement. Und sie bietet eine Paraderolle für einen singenden Naturburschen, der vom jungen Hans Albers glaubhaft verkörpert wurde. *Mädi* übersiedelte dann nach Wien und lief sehr lange im Bürgertheater. Die erfrischende Lustspiel-Operette mit dem nostalgischen Charme der zwanziger Jahre kam auch bei der Presse sehr gut an. Alfred Polgar, der notorische Operettenfeind unter den Musikkritikern, schrieb sogar, auf den Hauptdarsteller gemünzt, vom »Sensationserfolg eines endlich neuen Mannes unter den ewig gleichen«.

Als wirksame Reklame für *Mädi* erwies sich auch die sogenannte »Schlafwagen-Affäre«, über die das »Neue Wiener Journal« am 6. Oktober 1923 ausführlich berichtete. Der dritte Akt der Operette spielt in einem Schlafwagen-Coupé, in dem die Hauptdarstellerin Louise Kartousch in einem für damalige Verhältnisse sehr freizügigen Pyjama agieren sollte. Daraufhin weigerte sich die Internationale Schlafwagengesellschaft, ein Original-Coupé als Dekoration zur Verfügung zu stellen, weil die Pariser Direktion nicht bereit sei, ihren guten Ruf durch »unsittliche Darstellungen« auf dem Theater aufs Spiel zu setzen.

Robert Stolz ist jetzt einer der führenden Operettenkomponisten Wiens und auch ein wohlhabender Mann. Seine Bühnenwerke, aber auch seine Lieder bringen viel Geld ein. Zusammen mit seinem Freund Otto Hein gründet er einen eigenen Musikverlag, den Wiener Bohème-Verlag, der seine neuen Werke verlegt. Innerhalb kurzer Zeit entwickelt sich dieser Verlag zu einer weiteren Einnahmequelle für den Komponisten.

Zwischen 1920 und 1930 entstanden auch wieder zwei für Robert Stolz untypische Kompositionen. 1920 schrieb Stolz die einaktige Oper in drei Bildern *Die Rosen der Madonna* nach einem Libretto von Bruno Hardt-Warden. Zu dem pathetischen Stoff um die Visionen eines sterbenden Priesters komponierte Stolz eine knappe Stunde Musik mit spätromantischen Anklängen und schaffte es, den prominenten Hofoperntenor Erik Schmedes für die Hauptrolle zu gewinnen. Die Uraufführung am 1. März auf den Brettern der Roland-Bühne in der Wiener Leopoldstadt erfolgte zusammen mit einer Operette von Ralph Benatzky und dem Schwank *Versicherung gegen Ehebruch*, in dem Franzi Ressel, Stolz' zweite Frau auftrat. Diese heute kaum mehr vorstellbare Kombination wurde immerhin sechsunddreißig Mal en suite gespielt. (Láng: S. 61)

Ein paar Jahre später nahm sich Stolz eine künstlerische Auszeit vom Operettenschreiben und komponierte den Zyklus *Zwanzig Blumenlieder*, wieder nach Texten von Bruno Hardt-Warden. In diesem auch heute noch reizvollen Liederzyklus werden zwanzig Blumen besungen, so etwa das Vergißmeinnicht, die Primel, die Rebenblüte, das Stiefmütterchen und das Edelweiß, wobei jedes Lied auch ein Menschenschicksal porträtiert. Der Komponist muß diese Arbeit als willkommene Abwechslung empfunden haben: »Es war mir ein Labsal, einmal wieder jenseits der Mode arbeiten zu können und diese ideale Arbeit bot mir Erholung von dem Frondienst des modernen Komponisten ...«, äußerte er sich gegenüber einem Journalisten. (Lang: S. 77)

Ein »Schmarr'n« wird zum Welterfolg

Schon in den Jahren vor dem Ersten Weltkrieg trat Stolz auch als Komponist populärer Lieder hervor. Er war einer der ersten, der solche Musik als Einzelschöpfungen komponierte, ohne Zusammenhang mit einem Bühnenwerk. Mit dem Chanson *Servus Du* gelang ihm schon 1911 der erste große Hit. Robert Stolz erinnert sich an die etwas pikante Entstehungsgeschichte:

Es ist ein saukalter Novemberabend. Benno (Vigny) ... und ich entschließen uns, zur Madame Kathrin (ein Bordell, Anm. d. A.) zu gehen. Auf dem Weg zur Bäckerstraße kaufen Benno und ich jeder ein Stanitzl mit duftend heißen Maroni. Das ist unser Einsatz für den Abend.

Glücklicherweise geht's bei Madame Kathrin heut nacht ruhig zu, und so sitzen wir in dem gemütlichen kleinen Salon, der von einem altmodischen Kachelofen erwärmt wird, nippen an unserem Bier und tratschen mit Madame und ihren Mädchen. Größere Sünden können wir uns nicht leisten, und die Mädchen scheinen die Erholungspause zu begrüßen. Nachdem wir über die neuesten Skandale getratscht haben, sagt eines der Mädchen zu Benno: »Du sagst, du bist ein Dichter. Beweise, daß du ein Dichter bist und schreib uns, jetzt und hier, ein Gedicht!«

»Gut«, lacht Benno. »Aber laß mich noch einen Moment nachdenken. Inspiration ist alles in meinem Beruf, weißt.«

Kaum gesagt, schlendert er zum Ofen mit seinem Maroni-Stanitzl in der Hand. Und schon nach zehn Minuten kommt er zum Sofa zurück. Auf der Rückseite seiner fettigen Papiertüte hatte Benno den Text zu »Servus Du« geschrieben! Und zwar mit allen drei Strophen …

»Und du Robert«, sagte Paula, »Du willst doch ein Komponist sein. Dann schreib' uns jetzt die Musik zu Bennos Meisterwerk!«

Mehr Inspiration brauchte ich nicht. Ich setzte mich hinter'n Ofen und binnen einigen Minuten kritzelte ich die Melodie zu »Servus Du« auf meine Tüte. (Stolz: S. 175 f.)

Dieses Chanson ist schon typischer Stolz. Die sentimentalen Verse mit einem Hauch von Schnitzler, zusammen mit der sehnsüchtigen Melodie, machten einen Welterfolg, der in einer entsprechenden Interpretation auch heute noch bestehen kann.

Unmittelbar nach Kriegsausbruch schrieb Stolz auch eine Reihe patriotischer Lieder, darunter *Die Mutter des Reservisten* auf einen pathetischen Text von Alfred Grünwald, das wie fast alle Stolz-Lieder dieser Jahre in das Repertoire von Franzi Ressel, seiner zweiten Frau, Eingang fand.

In den Jahren nach dem Ersten Weltkrieg entstanden dann drei seiner bis heute bekanntesten Lieder: *Wien wird bei Nacht erst schön* auf einen Text von Wilhelm Sterk, *Im Prater blüh'n wieder die Bäume*, und *Frühling in Wien*, mit denen der Komponist seine herausragende Begabung für die kleine Form unter Beweis stellte. Von ersterem Opus publizierten Sterk und Stolz dann 1918 eine veränderte Version mit dem Titel *Berlin wird bei Nacht erst schön*, die allerdings weit weniger populär wurde.

Was die Entstehung dieser drei großartigen Lieder betrifft, hat Stolz selbst eine Legende in die Welt gesetzt. In seinen Erinnerungen behauptet der Meister, die Melodien dieser drei Frühlingslieder wären ihm in einer einzigen Sommernacht eingefallen, die er mit einem süßen Mädchen im Arm im Wiener Prater verbracht hat. In Wahrheit entstanden die Lieder zwar im Frühling, aber in verschiedenen Jahren. Das Autograph von *Wien wird bei Nacht erst schön* mit der Opuszahl 216 trägt das Entstehungsdatum 29.5.1915, *Im Prater blüh'n wieder die Bäume* (opus 247) entstand ein Jahr später, am 17. Mai 1916, und *Frühling in Wien* erst im Frühling 1918. Besonders das Praterlied ist Teil des Volksliedschatzes geworden und wird auch manchmal als inoffizielle Wiener Hymne bezeichnet.

In den folgenden Jahren schrieb Stolz mehrere Lieder für das Repertoire seiner damaligen Frau Franzi und ihrer Kollegin Mizzi Dressel. Eines davon stellte sich als absoluter Volltreffer heraus. Das 1919 komponierte *Hallo, du süße Klingelfee* sang man bald auf englisch, italienisch, russisch, tschechisch und ungarisch. Die französische Version kreierte kein Geringerer als Jean Gabin in einer großen Revue im »Casino de Paris«. Dieses Chanson ist eines der ganz wenigen Stolz-Lieder mit einem zeitaktuellen Bezug. Stolz komponierte diesen »Teleph-one-step«, wie es auf dem Titelumschlag heißt, anläßlich der Einführung des Selbstwählverkehrs.

Eine ähnliche Leistung wie mit der *Süßen Klingelfee* gelang Stolz mit *Salome*, entstanden am Abend des ersten Weihnachtsfeiertages 1919. Stolz betrachtete diese Komposition im Foxtrott-Rhythmus immer als einen musikalischen Scherz und hat sich zeitlebens über den Erfolg gewundert. Franzi Ressel wollte »diesen Schmarr'n« zuerst nicht singen, und Richard Strauss soll jedenfalls sehr ungehalten gewesen sein, wenn ihn jemand auf die Popularität der »anderen« Salome ansprach.

Das Lied erlebte mehrere Revivals und wurde mit neuem Text und dem Titel *Romeo* in Vittorio de Sicas Film *Ieri, oggi e domani* (1963) verwendet, zu dem Armando Trovaioli die Musik schrieb. Auch mehrere Pop-Sänger hatten die Stolz-Komposition in ihrem Repertoire, darunter Petula Clark und die Ray Charles Singers.

Ob *Salome* tatsächlich der erste europäische Foxtrott war, wie Stolz behauptet, läßt sich heute nicht mehr nachprüfen. Auf jeden Fall beweist das Lied die Fähigkeit des Komponisten, moderne Rhythmen rasch aufzugreifen und zu verarbeiten. Die besondere Begabung des Komponisten Robert Stolz für die Form des Liedes hat Marcel Prawy vielleicht am treffendsten formuliert, indem er einmal bemerkte: »Robert, du bist ein Drei-Minuten-Genie«. (Prawy: S. 196)

Auch in den folgenden Jahren komponierte Stolz neben seinem Operettenschaffen immer wieder einzelne Stücke, die große Erfolge wurden und seinen Ruf als Lied- und Schlagerkomponist festigten. So gelangen ihm 1933 das volksliedhafte *Vor meinem Vaterhaus steht eine Linde* und im selben Jahr ein bemerkenswertes *Ave Maria* auf den lateinischen

Stolz um 1920

Im Schlafwagen zum Erfolg: Mädi 1923

Text, das unter dem Titel *Ave Maria, du Stern überm Meer* auch in einer deutschen Textversion von Bruno Hardt-Warden erschien.

In der Traumfabrik Berlin

Berlin war in den zwanziger Jahren eine pulsierende, schlaflose Stadt voller Leben. Im Gegensatz zum introvertierten Wien war die deutsche Hauptstadt offen für alles Neue in Kunst und Kultur. Eine Stadt voll aggressivem Charme, lasterhaft und dekadent, in der einem Newcomer alle Möglichkeiten offen standen. Berlin entwickelte in diesen Jahren eine unwiderstehliche Anziehungskraft auf Talente aus Musik, Theater, Malerei, Literatur und Wissenschaft. Es war eine universelle Stadt und wahrscheinlich die Welthauptstadt des Theaters in dieser Dekade. Zwischen 1919 und 1932 existierten in Berlin mehr als fünfzig Theater, die allabendlich mit Angeboten vom Kleinkabarett bis zur großen Oper um die Gunst des Publikums rivalisierten.

Trotzdem war Berlin aber kein Paradies für Kulturschaffende. Es war eine unbarmherzige Stadt, in der nur das Können zählte und welche die kreativen Energien förmlich in sich hineinschlang. Das Klima der Stadt war am ehesten mit dem von New York in der heutigen Zeit vergleichbar, wo Scheitern und Erfolg hauchdünn nebeneinander lagen. Carl Zuckmayer schrieb in diesen Jahren: »Man sprach von Berlin, solange man es nicht besaß, wie von einer sehr begehrenswerten Frau, deren Kälte und Koketterie allgemein bekannt ist und auf die man umso mehr schimpft, je weniger Chancen man bei ihr hat. … Insgeheim aber sah sie jeder als das Ziel seiner Wünsche … Wer Berlin hatte, dem gehörte die Welt«. Ähnliches stellte Franz Lehár 1932 in einem Interview mit dem »Berliner Tagblatt« fest. Als Erklärung, warum sein späteres Schaffen ein Weltecho gefunden hat, sagte er einfach: »Das Mysterium heißt Berlin«.

Für Robert Stolz, nach einer ruinösen Scheidung und einem Bankrott mehr oder weniger nach Berlin geflohen, war Berlin keine unbekannte Stadt mehr. Im Jahre 1916 wurde an der Komischen Oper seine Operette *Der Favorit* aus der Taufe gehoben, und auch die 1921 entstandene *Tanzgräfin* hatte in Berlin ihre Premiere. Seine Lieder waren dank bekannter Interpreten auch beim deutschen Publikum populär. Er fand daher in Berlin von Anfang an offenes Terrain vor. Noch am Tag seiner Ankunft begab er sich zum »Kabarett der Komiker«, dessen Direktor er aus früheren Jahren gut kannte. Es war Kurt Robitschek, der Textautor einiger Stolz-Lieder, etwa von *Im Prater blüh'n wieder die Bäume*. Er versorgte den total »abgebrannten« Stolz sofort mit Arbeit und gab ihm einen Kompositionsauftrag für die einaktige Schwankoperette *Märchen im Schnee*.

Der im selben Jahr wie Stolz in Prag geborene Kurt Robitschek hatte das »Kabarett der Komiker« 1924 in Berlin zusammen mit Paul Morgan und Oskar Karlweis gegründet. Diese Institution, die für ihre gelungene Mischung aus Kabarett, Vaudeville und Theater bekannt wurde, entwickelte sich bald zu einem Anziehungspunkt für viele Kleinkünstler und war beim Publikum sehr populär. Robitschek war ein Allround-Talent und verfaßte Sketches und Conférencen, inszenierte selbst und saß allabendlich persönlich an der Kassa, um den Kontakt mit seinem Publikum zu pflegen. Er ging bereits 1936 nach New York und Hollywood und versuchte dort, sein »Kadeko« am Broadway neu zu etablieren. Als Ken Robey, wie er sich ab 1944 nannte, machte er sich in den USA auch einen Namen als Veranstalter. Er kehrte nie mehr nach Europa zurück und starb 1950 in New York.

Durch Robitschek und auch dank der Großzügigkeit seiner Freunde kam Robert Stolz in Berlin bald wieder auf die Beine. Vor allem Felix Sobotka, der Chef des Drei-Masken-Verlags, den Stolz während dessen Krankheit wiederholt im Spital besuchte, zeigte sich für diese menschliche Geste dankbar. Er gab Stolz einen großzügigen Vertrag samt einem Vorschuß, der ausreichte, um alle Wiener Schulden zu tilgen.

Stolz konnte sich, von dieser Last befreit, erneut in die Arbeit stürzen, schrieb Kabarettlieder und wieder einige Operetten, darunter 1925 *Due baci* in Zusammenarbeit mit Renato Simoni, dem Textdichter von Giacomo Puccinis Oper *Turandot*. Ob diese Operette tatsächlich in Mailand das Rampenlicht erblickt hat, wie Stolz in seinen Erinnerungen behauptet, ist strittig. Nach einem von Robert Stolz selbst geführten Werkverzeichnis wurde dieses Werk »nie aufgeführt und nicht vollendet«, und der Komponist verwendete die Musik dann für eine spätere Operette und verschiedene Filmmusiken. (Pflicht: S. 104)

Im übrigen genoß Robert Stolz den Glamour der Stadt und beschloß, Berlin für die nächste Zeit zu seiner künstlerischen Heimat werden zu lassen. Es gelang ihm aber nicht, mit seinen neuen Bühnenwerken an den größeren Bühnen der deutschen Hauptstadt Fuß zu fassen. Daher machte er in den ersten Berliner Jahren für seine neuen Operettenproduktionen immer wieder Abstecher nach Wien. Im Bürgertheater wurde am 30. Oktober 1926 der *Mitternachtswalzer* uraufgeführt, in einer sorgfältigen Inszenierung durch die Direktorin des Theaters Rosa Lischka-Raul persönlich. Auch bei der Besetzung hatte man nicht gespart und drei Gäste verpflichtet, von denen Franz Glawatsch der damals bekannteste war.

Ein Jahr darauf konnte sich Robert Stolz das Wiener Carl-Theater erobern. Dort wurde am 23. Dezember 1927 das erste Mal eine Stolz-Operette uraufgeführt. *Eine einzige Nacht* war die überarbeitete Version eines gleichnamigen Einakters aus dem Jahre 1917 und in einem Punkt fast eine Ausnahme in der langen Liste der Stolz-Operetten: Den neuen Autoren Rudolf Österreicher und Leopold Jacobson gelang ein romantisches Qualitäts-Libretto, das die Liebesgeschichte einer Tänzerin zu einem Maler erzählt. Dank einer Starbesetzung mit Emmy Korsary und Ernst Tautenhayn wurde das Werk mit der Musik »des genialen Schlagerkomponisten zum Urbild einer schmissigen, modernen, wienerischen Operette«, wie sich ein Premierenkritiker ausdrückte. Die Premiere dauerte fast viereinhalb Stunden, weil fast sämtliche Nummern wiederholt werden mußten. Eines der bekanntesten Lieder aus dieser Operette ist *Pierrot, Pierrot, komm trag mich nach Haus*, das in das Repertoire von Chansonetten wie Milva und Dagmar Koller eingegangen ist.

Stolz konnte in Berlin seinen Ruf als Schlagerkomponist weiter festigen. International bekannt wurde er aber erst durch seine Arbeit für den Tonfilm. Dieser nahm in diesen Jahren einen schnellen Aufschwung. Béla Balázs veröffentlichte 1924 sein erstes Buch, *Der sichtbare Mensch oder Die Kultur des Filmes*, David W. Griffith beendete *Amerika*, Charlie Chaplin *Goldrausch*. In Frankreich wurde René Clair zum Begriff. In Deutschland inszenierte Wilhelm Murnau *Der letzte Mann* mit Emil Jannings in der Titelrolle, Fritz Lang drehte den ersten Teil der *Nibelungen*, und in Rußland entstand mit *Panzerkreuzer Potemkin* der vielleicht beste Stummfilm aller Zeiten.

Im Oktober 1927 war zum ersten Mal ein singender Mensch auf den Filmleinwand zu sehen und zu hören. Warner Bros. hatten *The Jazzsinger* mit Al Jolson, dem damals populärsten Varietékünstler Amerikas in der Titelrolle herausgebracht. Das Verfahren war natürlich primitiv. Der Ton wurde im sogenannten Nadeltonverfahren synchron zum Bild auf Schallplatte aufgenommen und dann zeitgleich abgespielt.

Doch der Tonfilm entwickelte sich rasant. Paramount, der Hauptkonkurrent von Warner Bros., konterte im November 1929 mit dem Streifen *Liebesparade* von Ernst Lubitsch, mit Maurice Chevalier und Jeanette McDonald in den Hauptrollen. *Die Liebesparade* knüpfte mit Charme, Witz und Musikalität an die besten Traditionen der Wiener Operette an, aber auf eine neue und originelle Art, ohne ins Theatralische zu verfallen oder Theaterelemente auf den Film zu übertragen. Mit Hilfe der Musik von Victor Scherzinger, die das Geschehen auf der Leinwand häufig satirisch oder ironisch kommentierte, und dem glänzenden Spiel der Darsteller entstand die erste echte Filmoperette: »Lubitsch schuf mit der *Liebesparade* ein Musterbeispiel der Filmoperette, die einerseits eine Fortführung des seit Jahren bekannten Genres war, andererseits aber eine neue, mit völlig anders gearteten künstlerischen Mitteln geschaffene Filmform«, meinte der Filmhistoriker Jerzy Toeplitz in seiner »Geschichte des Films«. (Toeplitz: S. 58)

Der nachhaltige Erfolg der ersten amerikanischen Musikfilme traf die europäische Filmindustrie wie ein seismischer Schock. Die Möglichkeiten des neuen Mediums wurden zunächst unterschätzt. So stand etwa 1928 in der »Reichspost« zu lesen: »In Amerika wird fieberhaft an der Herstellung von entsprechenden Spielfilmen gearbeitet, und man glaubt, daß der Tonfilm in zwei bis drei Jahren den stummen Film gänzlich verdrängt haben werde. In Europa ... denkt man darüber weniger optimistisch«. Die Amerikaner behielten aber recht: Der Übergang vom Stummfilm zum Tonfilm vollzog sich sehr rasch. 1930 wurden in den rund siebenhundertfünfzig österreichischen Kinos fünfhundertneunundsechzig verschiedene Filme gezeigt, vierhundertelf davon waren noch Stummfilme. 1932 wurde kein einziger Stummfilm mehr gezeigt. (Denscher: S. 101)

In Deutschland war der UFA-Produzent Erich Pommer einer der ersten, die erkannten, welche künstlerischen und kommerziellen Möglichkeiten im neuen Medium lagen. Der Publikumserfolg der *Liebesparade* bestärkte ihn daher in seiner Entscheidung, auch Musikfilme zu produzieren. Pommer, der in Hollywood Erfahrungen als Produzent sammeln konnte, legte allerdings Wert auf Qualität und wehrte sich gegen einen billigen und faden Ersatz der Wiener Operette auf der Kinoleinwand. Schon 1929 entstand der erste UFA-Tonfilm *Melodie des Herzens*, mit der Musik von Paul Abraham und Willy Fritsch in der Hauptrolle. Es folgte der erste Musikfilm, *Liebeswalzer*, der im Februar 1930 Premiere hatte, für den Werner Richard Heymann als Komponist engagiert wurde. Heymann, der später als Musikdirektor der UFA eine große Karriere machte, war ein außerordentlich begabter Komponist von Unterhaltungsmusik und in allen Sparten ein ernster Konkurrent von Robert Stolz. Er schuf etwa mit dem Lied *Das gibt's nur einmal* aus dem Film *Der Kongreß tanzt* (1931) einen Schlager, der um die Welt ging.

Wie manche seiner Kollegen hatte Heymann in jungen Jahren einen Hang zur Klassik. Als er in den zwanziger Jahren dem damals in Berlin schon sehr bekannten Robert Stolz vorgestellt wurde, spielte er ihm Ausschnitte aus einem eigenen symphonischen Werk vor. Stolz hörte aufmerksam zu und bat dann Heymann, das Ganze zu wiederholen. Heymann wiederholte, dann noch einmal und noch einmal. Schließlich sagte Stolz: »Weißt du Symphoniehengst, so a Symphonie schreib' i a – morgen«.

Robert Stolz war mit dem Film schon sehr früh in Kontakt gekommen. 1913, ein Jahr vor der Gründung seiner Sascha-Film, produzierte Graf Alexander Kolowrat in einem Dachatelier in der Biberstraße den Film *Der Millionenonkel*, in dem der Bühnen- und Operettenstar Alexander Girardi in einer Rahmenhandlung von Ernst Marischka über dreißig Rollen seiner einmaligen Karriere darstellte. Girardi hatte sich sehr für diese Produktion eingesetzt, weil er an die Zukunft dieses noch neuen Mediums glaubte: »Das Kino hat die Phantasie und die Erfindung, die auf der modernen Bühne völlig verkümmert sind, wieder zu Ehren gebracht. Im Filmdrama muß genug geschehen. Es kann überaus lebendig, beweglich und bei allem äußeren Raffinement naiv und tiefsinnig sein.« (Fritz: S. 41)

Die Premiere des *Millionenonkels* fand im Wiener Beethovensaal statt und wurde ein gesellschaftliches Ereignis. Die eigentliche Sensation der etwa eine Stunde dauernden Vorführung war aber nicht die Leistung Girardis, sondern die Musik, gespielt von der Salonkapelle »Haupt«, die unter der Leitung von Robert Stolz das Geschehen auf der Leinwand begleitete. Stolz hatte als erster in Europa eine vollkommen durchkomponierte, alle Szenen des Films sinnvoll illustrierende Musik geschrieben: »Während wir an ein Potpourri aus den alten Operetten dachten, bekamen wir eine regelrechte Operette zu hören, mit Schlagern, die das Ohr entzückten und gewiß vom Kino aus populär werden ... Reizende Walzer und fesche Märsche wechseln ab, und man spürt förmlich die Freude, mit der der begabte Komponist an die Arbeit gegangen ist«, schrieb ein begeisterter Kritiker.

Der Millionenonkel wurde Kolowrats erster künstlerischer und finanzieller Erfolg. Und Stolz hatte mit seiner Pionierleistung wertvolle Erfahrungen sammeln können, die ihm jetzt in Berlin, an der Wiege des Tonfilms, zugute kamen. Von Robert Stolz wurden in den späten zwanziger Jahren zwei Operetten verfilmt, *Die Bauernprinzessin* aus dem Jahre 1916 und *Mitternachtswalzer* aus 1926. Beides noch Stummfilme, für die Stolz seine Musik eigens für das neue Medium adaptierte. (Eidam: S. 101)

Das Qualitätsstreben Pommers eröffnete kleineren deutschen Produzenten die Chance zu Schnellschüssen. Der Markt war da, und Drehbuchautoren, Komponisten und Schauspieler waren in Berlin in genügender Zahl verfügbar. Einer dieser risikofreudigen Produzenten war der Berliner Kaufmann Julius Haimann.

Stolz traf Haimann im Büro des Musikverlegers Armin Robinson und erfuhr, daß dieser bereits mit den Autoren Walter Reisch und Franz Schulz Kontakt aufgenommen hatte und seit wenigen Tagen ein Drehbuch mit dem Titel *Zwei Herzen im Dreivierteltakt* in Händen hielt. Stolz wurde gefragt, ob er nicht die Musik schreiben könne, und willigte sofort ein. Er war von den Chancen des neuem Mediums überzeugt und wollte sich diese Möglichkeit selbstverständlich nicht entgehen lassen.

In seinen Erinnerungen berichtet Stolz, wie er mit dem Drehbuch in der Hand zu Kempinski Mittagessen geht. Er blättert das Buch durch, und beim anschließenden Studium der Speisekarte kommt ihm der Einfall zum Titelwalzer. Er notiert die Melodie auf der Rückseite der Speisekarte, von der ersten Note bis zu letzten, ohne einen Takt ändern zu müssen. Die anderen drei Nummern liefert er in den nächsten Tagen. Darunter ist eines der besten und bekanntesten Stolz-Lieder: *Auch du wirst mich einmal betrügen.*

Unmittelbar darauf begannen im Atelier Tempelhof die Dreharbeiten unter der Regie Géza von Bolvarys. Die Hauptrollen verkörperten Gretl Theimer und Walter Janssen, daneben agierten Willi Forst und Oskar Karlweis. Stolz erinnert sich an die Schwierigkeiten bei den Tonaufnahmen:

Wir mußten Schritt für Schritt aus unseren Fehlern und Irrtümern lernen. Es gab eine ganze Menge noch ungelöster Probleme, und eines der herausforderndsten – um nur ein Beispiel zu nennen – bestand für uns darin, daß wir über keinerlei Möglichkeit verfügten, nachdem eine Szene einmal abgedreht war, unsere Tonaufnahme zu verbessern, oder gar eine feinabgestimmte Aufnahme nachträglich zu synchronisieren. Die Kameras liefen, das Orchester spielte, die Darsteller sangen – alles spielte sich gleichzeitig ab, so daß jedes einzelne musikalische Detail gleich bei der ersten Aufnahme perfekt sitzen mußte, denn eine Wiederholung der gesamten Szene mußte vermieden werden, angesichts des schmalen Budgets und des zeitlich begrenzten Drehplans. Das hieß für mich, den Perfektionisten: Sobald ich den Taktstock im Studio hob, mußte ich alles auf einmal im Auge haben, Orchester, Szenario, Sänger und Tontechniker – und überdies noch genügend Kraft, den Herrgott anzuflehen, daß es kein Fiasko würde! (Stolz: S. 297)

Der Schnellschuß funktioniert. Die Premiere von *Zwei Herzen im Dreivierteltakt* im Berliner UFA-Palast am Zoo am 13. März 1930 wird zu einem der größten Kulturereignisse des Jahres. Die gesamte Berliner Kulturprominenz ist anwesend, und die Premierenbesucher pfeifen nach Verlassen des Kinos bereits die Melodie des Titelwalzers. Die Kritiken sind sehr freundlich, bis auf eine Ausnahme. Der Rezensent der »Berliner Zeitung« ist der Meinung, daß die Musik des Films recht gelungen sei, bis auf den Titelwalzer. Dieser sei »total mißglückt und dürfte schwerlich populär werden«.

Mit diesem Film trafen die beiden Autoren und der Komponist genau den Publikumsgeschmack dieser Zeit. Er bot eine raffinierte Mischung aus Sentimentalität, Witz und Musik. Ein besonderer Reiz für das Berliner Publikum war das »exotische« Wiener Operettenmilieu mit der Exposition beim Wiener Heurigen in Grinzing. Ein Klischee reihte sich an das andere, und es wurde kaum eine Banalität ausgelassen, um die Nöte des Operettenkomponisten Toni Hofer zu beschreiben, dem der Hauptwalzer zu seinem neuesten Opus nicht und nicht einfallen will. Erst ein kleines Liebesabenteuer und ein erster Kuß bringen ihm die Inspiration zurück.

Bei den Dreharbeiten zu *Zwei Herzen im Dreivierteltakt* fiel im Studio plötzlich der Strom aus. Der Regisseur Géza von Bolvary wurde ungeduldig und schlug vor: »Kinder, gehen wir ins Gasthaus gegenüber und machen dort weiter!« Als der Regieassistent einwandte: »Aber dort haben wir doch kein Klavier«, beruhigte ihn Bolvary: »Macht nichts, lieber Freund! Der Stolz kann nicht nur komponieren ohne Klavier, er kann auch Klavier spielen ohne Klavier!«

Zwei Herzen im Dreivierteltakt wurde in fast ganz Europa gezeigt und lief dann fünfzig Wochen lang in Originalsprache am Broadway in New York. Die Operettenfassung mit dem Titel *Der verlorene Walzer* mit etwas verändertem Text und einigen neuen Musiknummern wurde im September 1933 am Stadttheater Zürich unter der Leitung des Komponisten uraufgeführt, kam aber nicht annähernd an den Filmerfolg heran. 1934 folgte ein in London produziertes Remake in englischer Sprache unter der Regie von Carmine Gallone und Joe May mit dem Titel *Two Hearts in a Waltz Time*. Die Premiere der deutschen Synchronfassung fand noch im selben Jahr wieder in Berlin statt, allerdings unter dem neuen Titel *Du bist für mich die schönste Frau*.

Robert Stolz ist jetzt auf dem Gipfel seiner Karriere. Ein Angebot, nach Hollywood zu gehen, schlägt er mit dem Hinweis aus, »goldene Nockerln« könne er nicht essen. Er pendelt lieber zwischen Berlin und Wien und komponiert in den Jahren bis zum Kriegsausbruch unermüdlich weiter. Bis 1938 schreibt er die Musik zu etwa dreißig weiteren Filmen, darunter *Mein Herz ruft nach dir* (1934), *Frühjahrsparade* (1934), *Ich liebe alle Frauen* (1935) sowie *Herbstmanöver* (1936) und *Zauber der Bohème* (1937). Und wieder sind es die Tenöre, die Lieder aus diesen Filmen zu Schlagern machen. Jan Kiepura singt *Ob blond, ob braun, ich liebe alle Frau'n* und Leo Slezak *Auf der Heide blüh'n die letzten Rosen*. Für letzteres Lied, das heute zu den Stolz-Klassikern zählt, greift Stolz auf seine frühere Komposition *Lebewohl, mein Godesberger Ännchen* zurück, die er von Bruno Balz mit einem neuen Text versehen läßt.

1933 kam es auch zur ersten und einzigen Zusammenarbeit mit Billy (damals noch Billie) Wilder, der gemeinsam mit Franz Schulz das Drehbuch zu *Was Frauen träumen* schrieb. Es ist die Geschichte einer Kleptomanin, die von zwei Männern umworben wird. Die beiden Verehrer schließen eine Wette ab: Wenn die Angebetete weiter stiehlt, bekommt sie der eine, wenn sie ehrlich wird, der andere. Wilder erinnerte sich an die Mühen des Drehbuchschreibens für die ersten Musikfilme: »In der Regel mußten wir in den Filmen damals

Ohne Bart auf dem Höhepunkt seiner Karriere: Stolz um 1935

Autograph von »Zwei Herzen im Dreivierteltakt«, Jänner 1930

Im Tonfilmstudio, Berlin 1930

Filmmarketing anno 1932: ein tönendes Kinoprogramm

so sechs bis acht Lieder unterbringen, die oft die Handlung unnötig unterbrachen. Man versuchte, das am Beginn des Tonfilms einfach von der Operette zu übernehmen – mit oft peinlichem Ergebnis.« (Karasek: S. 80) Premiere hatte *Was Frauen träumen* ausgerechnet an Hitlers Geburtstag, am 20. April 1933. Die Namen der Drehbuchautoren waren damals bereits aus dem Vorspann und den Programmheften verschwunden.

Der erfolgreichste Musikfilm des Jahres 1934 war die UFA-Produktion *Frühjahrsparade.* Diese Filmoperette, als österreichisch-ungarisch-deutsche Koproduktion entstanden, brachte die Scheinwelt der k & k-Monarchie auf die Leinwand. Das Drehbuch stammte von Ernst Marischka, Regie führt Géza von Bolvary. Eine Mitautorschaft am Drehbuch, die der erste Stolz-Biograph Gustav Holm (alias Robert Weil) für sich beanspruchte, konnte durch andere Quellen nicht bestätigt werden. (Holm: S. 184) Robert Stolz jedenfalls landete mit dem Walzer *Singend, klingend ruft mich das Glück* wieder einen echten Hit. Dieser Film wurde bei den von Benito Mussolini zwei Jahre zuvor ins Leben gerufenen Filmfestspielen von Venedig noch im selben Jahr mit der Goldmedaille des Industriehafens Marghera als bester Musikfilm prämiert. (Pflicht: S. 405)

Und noch mehr Operetten

Neben seiner Tätigkeit für den Tonfilm komponierte Stolz unermüdlich weitere Operetten. Am 22. Dezember 1930 kam an der Komischen Oper in Berlin als Weihnachtspremiere die Kammeroperette *Peppina* heraus. Das Buch von Rudolf Österreicher erzählt die Geschichte eines Playboys, dem sein Bruder eine hübsche junge Dame als leibliche Tochter aus einem früheren Verhältnis vorstellt. Der Lebemann entdeckt an sich plötzlich väterliche Gefühle, aber die junge Frau verliebt sich natürlich in den Playboy, nicht wissend, daß es ihr Vater ist. Die Musik von Robert Stolz setzt auf schwelgerische Orchesterfarben und aparte Klangeffekte, mit reichlich Schlagwerk, Klarinetten und Saxophonen. *Peppina*, mit Maria Paudler in der Titelrolle, schaffte mehr als hundert Aufführungen und ging dann auf Tournee, mit Adolf Wohlbrück als Paudlers Partner.

Wenn die kleinen Veilchen blühen war eine Neubearbeitung der einige Jahre vorher entstandenen Operette *Due baci*, die Stolz nicht vollendet hatte. Bruno Hardt-Warden schrieb eine neue Geschichte um Teenager-Liebensabenteuer in einem Mädcheninternat. Die Musik war dem Stimmungsgehalt der Szenen angemessen. Robert Stolz gestaltete das Lebensgefühl der jungen Leute, allerdings aus der Perspektive eines jetzt schon über Fünfzigjährigen. Das Werk wurde am 1. April 1932 im Princesse Schowburg-Theater in Den Haag uraufgeführt und ein internationaler Erfolg. Aufführungen in London und in über fünfzig deutschen Theatern folgten. Der Foxtrott *Du, du, du, schließ deine Augen zu* wurde auch in Italien und Frankreich populär. Seine englische Version mit dem Titel *You, Just You* kann in seiner fast zeitlosen Modernität auch heute noch bestehen.

Über die Weltpremiere dieser Stolz-Schöpfung schrieb »De Nieuwe Courant« tags darauf: »... es war der erste Schritt zu einem Welterfolg, und Den Haag hatte die Ehre, diese meisterhafte Komposition aus der Taufe zu heben. Das Publikum kennt Stolz bereits seit Jahren von starken und weniger gelungenen Operetten. Diese neue Schöpfung ist das Werk eines ernsthaften Musikers, der in Zusammenarbeit mit dem Textdichter Bruno Hardt-Warden eine wahrhaft neue Operette geschaffen hat und darin auf kluge Weise das gute Alte mit frischem Neuem zu vermischen wußte. Da kommen mitreißende Walzer vor, Slow-Fox und dann wieder die süßesten, berauschendsten Melodien, ein wenig Wehmut, herrlich blühendes junges Leben von Schulmädchen und Studentenvereinen ...«.

Die am 10. Dezember 1932 in Zürich erstmals präsentierte *Venus in Seide* war dagegen eine klassische Gesangsoperette im Stil der Zeit, mit guten Rollen für eine Primadonna, einen Tenor, ein Buffopaar und einen Komiker. Die im ungarischen Milieu spielende Verwechslungsgeschichte von Alfred Grünwald um einen Grafen und einen Räuberhauptmann, mit ihren Liebesverwicklungen und -verwechslungen, hatte Robert Stolz mit einer verschwenderischen Musik ausgestattet, die auch mit Chorsätzen und großen Finali aufwarten kann. *Venus in Seide* ist eine der Stolz-Operetten, denen ein längeres Bühnenleben beschieden war. So gab es beispielsweise noch in den achtziger Jahren eine Neuinszenierung dieses Werkes in Warschau.

1936 kam im Londoner Drury Lane Theatre die Musical Comedy *Rise and Shine* heraus, mit dem damals bereits berühmten Fred Astaire in einer der Hauptrollen. Es war dies die Neufassung einer Operette mit dem Titel *Jack of Hearts*, die Stolz nach einem Buch von Josef Arnold mit Liedtexten von Robert Gilbert bereits ein Jahr zuvor komponiert hatte. Es muß damals faszinierend gewesen sein, den Filmstar Fred Astaire zur Musik von Robert Stolz auf der Bühne tanzen zu sehen. Der Schriftsteller Frederic Morton hat diesen Eindruck in einem Zeitungsartikel so beschrieben: »Als Fred Astaire braucht er eine Frau nur zu berühren, und sie wird schwerelos wie er selbst. Augenblicklich hebt sie vom Boden ab. Zusammen beginnen sie auf den Flügeln von Violinen zu gleiten, zu springen, zu schwingen, zu drehen. Lieblich ineinander verschlungen, fegt der Tanz all ihren Ärger weg. Die ganze Welt ... wird fleckenlos und schmilzt zu reinem Schwung, zu Eleganz und Verliebtheit«. Die Produktion *Rise and Shine* wurde nach der Londoner Aufführung von einem Tournee-Ensemble als *Darling You* in einigen englischen Städten weitergespielt.

Noch 1930 wurde Robert Stolz vom Revue-Produzenten Erik Charell eingeladen, zwei Nummern für das neue Werk von Ralph Benatzky, *Im Weißen Rössl*, beizusteuern. Ralph (eigentlich Rudolf) Benatzky (1884–1957) war der größte Konkurrent von Robert Stolz auf allen Gebieten der Unterhaltungsmusik und gleichfalls ein ungeheuer produktiver Komponist. Er besaß ein Doktorat in Germanistik und war ein Multitalent: Komponist und fast immer sein eigener Textautor, daneben aber auch Lyriker, Essayist, Feuilletonist, Drehbuchautor und Übersetzer. Im Gegensatz zum vergleichsweise bescheidenen Stolz war Benatzky ein Angeber und Poseur, der behauptete, fünftausend Lieder und über hundert Bühnenwerke geschrieben zu haben. Sein Biograph Fritz Hennenberg registriert dagegen etwa tausend Titel und etwa fünfzig fertiggestellte Werke für Bühne und Film, immer noch ein außergewöhnlich umfangreiches Œuvre. Dazu gehören die musikalischen Komödien *Axel an der Himmelstür*, *Meine Schwester und ich* (»das graziöseste Werk seit der Fledermaus«), *Bezauberndes Fräulein* sowie das Wienerlied *Ich muß wieder einmal in Grinzing sein*.

Politisch war Benatzky wacher als Stolz, seine Texte enthalten oft kritische Anspielungen auf die politischen oder sozialen Zustände, und seine Wienerlieder zeigen oft ein Maß an Selbstironie, das man bei Stolz vergeblich suchen wird. Musikalisch war er an Leo Fall geschult und hatte daher immer die komponierte Szene und nicht die Musiknummer im Auge. Das Dirigieren hatte er sich selbst beigebracht, ohne je eine Ausbildung gehabt zu haben. Er wußte, daß er nicht der große Melodiker wie Stolz war, aber er meinte: »Meine Vorzüge sind höhere Intelligenz, rhythmisch starke Wirkungen und ein Gefühl für Dramatik«. (Hennenberg: S. 91)

Erik Charell hieß eigentlich Erich Karl Löwenberg und war ein Jude aus Breslau. Er war ein besessener Perfektionist, der in seinen Produktionen auf jedes Detail achtete und alles selbst in der Hand haben wollte. Charell betrachtete die Revue als Universalkunst, wo er mit »Menschen- und Sachmaterial« seine Visionen umsetzen konnte. Von der Musik verlangte er, daß sie auf die Notwendigkeiten der Szene Rücksicht nehmen sollte. Von seinen Komponisten forderte er selbstverständlich auch noch während der Proben Umarbeitungen. Der »genialische Reformer der Revuebühne«, wie ihn Hans Heinz Stuckenschmidt einmal nannte, war berühmt für seine teuren Ausstattungsorgien, die aber ihr Geld meistens mehrfach wieder hereinspielten.

Die notwendige Anreicherung mit melodisch eingängigen Nummern war wahrscheinlich einer der Gründe, warum Charell die beiden Stolz-Lieder *Mein Liebeslied muß ein Walzer sein* und *Die ganze Welt ist himmelblau* in das *Weiße Rössl* einfügen ließ. Charell hielt sehr viel von Stolz, was ihn allerdings nicht daran hinderte, den Komponisten geschäftlich übers Ohr zu hauen. Stolz ließ sich für die zeitlich unbegrenzten Verwertungsrechte seiner zwei Lieder mit einem Betrag von fünfhundert Mark abspeisen, offensichtlich weil er vom Erfolg dieser Operette nicht überzeugt war.

Die Uraufführung des *Weißen Rössls* fand am 8. November 1930 im Großen Schauspielhaus in Berlin statt, und das Stück wurde auf Anhieb ein Mega-Hit. Schon die Ausstattung war verschwenderisch. Das Theater »präsentierte sich als ›Weißes Rössl‹ schon mit seiner als Gasthof verkleideten Fassade; in den Foyers und Gängen lagen Gepäckstücke herum, die Platzanweiserinnen trugen Dirndlkostüme. Auf der Bühne war fast lebensgroß ein komplettes Alpendorf mit Kirche, Rathaus, Hotel, Kuhstall und See aufgebaut; die Landschaft erstreckte sich über das Proszenium hinaus bis in den Zuschauerraum«, berichtet Fritz Hennenberg (S. 160 f.). Diese Inszenierung eines »Gesamtkunstwerkes« ging wahrscheinlich auf eine Anregung von Karl Farkas zurück, der schon in seiner Kammer-Revueoperette *Die Wunder-Bar* das Theater in ein Nachtlokal verwandelt hatte. Farkas war dann auch der Regisseur der österreichischen Erstaufführung des *Weißen Rössls*, die am 25. September 1931 im Wiener Stadttheater stattfand.

Sehr zum Ärger Benatzkys fügte Charell in die Londoner und die Pariser Inszenierung des *Weißen Rössls* mit *Adieu, mein kleiner Gardeoffizier* und *Auch du wirst mich einmal betrügen* zwei weitere Nummern von Stolz ein und ließ zu, daß der Name Stolz auf dem Theaterplakat in gleich großen Lettern wie Benatzky erschien. Dieser symbolische Versuch einer Wiedergutmachung war für Robert Stolz aber zu wenig. Er führte später darüber einen Rechtsstreit mit dem Argument, er hätte die Rechte nur für die Aufführungen in Berlin hergegeben. Seine Klage wurde aber vom Gericht abgewiesen, was Stolz bis zu seinem Lebensende als die größte Ungerechtigkeit empfand, die ihm in seiner gesamten beruflichen Laufbahn widerfahren war. Doch die Verträge dürften eindeutig gewesen sein, und es blieb das schlechteste Geschäft seines Lebens. Denn *Im Weißen Rössl* erwies sich in der Rückschau neben der *Dreigroschenoper* als das erfolgreichste Theaterstück des zwanzigsten Jahrhunderts: Allein in der ersten eineinhalbjährigen Berliner Laufzeit kam es auf vierhundertsechzehn ausverkaufte Vorstellungen mit mehr als zwei Millionen Besuchern. Robert Stolz und seine Erben konnten am reichlichen Tantiemensegen des einzigen wirklichen Nach-Lehár'schen Operettenerfolgs aber bis zum heutigen Tag nicht teilhaben.

Im Dezember 1937 kam es zur ersten Stolz-Premiere an der Wiener Volksoper. Die Revueoperette in fünfzehn Bildern *Reise um die Erde in 80 Minuten* von Robert Gilbert und Hugo Wiener enthielt zwar einige musikalisch interessante Nummern, beispielsweise das heute noch bekannnte Marschlied *Jung san ma, fesch san ma*, aber auch Lieder wie *Das ist der Mister Pinguin* oder *Winnetou hu-hu-hu*, und markierte damit zumindest vom Text einen Tiefpunkt für den von seinen Librettisten ohnehin meist nicht verwöhnten Komponisten.

Drei Monate vor dem Einmarsch deutscher Truppen in Österreich gab es noch eine Stolz-Premiere im Scala-Theater in der Wiener Favoritenstraße. *Der süßeste Schwindel der Welt* war laut Kritik eine »nette Geschichte« um einen amerikanischen Millionärssohn, der von einer jungen Dame, die in einem Pariser Museum arbeitet, versehentlich für einen Bilderdieb gehalten wird – Happy-End natürlich inklusive. Robert Stolz hat dazu eine charmante Musik komponiert, mit Schlagern, welche die Mitte zwischen »Gassenhauern und Bareleganz« halten, wie der Kritiker der »Neuen Freien Presse« schrieb. Dirigiert wurden die Aufführungen von Bruno Uher, der in diesen Jahren fast alle Stolz-Schöpfungen instrumentiert und arrangiert hat. Als junger Millionärssohn aus den USA brillierte Johannes Heesters in einer seiner ersten Bühnenrollen.

Am Vorabend des Einmarsches deutscher Truppen in Österreich verließ Robert Stolz freiwillig seine Heimat und ging über Zürich ins Exil nach Paris, von wo er 1940 nach Amerika emigrierte. In Paris schrieb er zusammen mit Bernhard Grun die Musik zu der Operette *Balalaika*, die am Théâtre Mogador uraufgeführt wurde. Dann bekam er vom

Théâtre Châtelet den Auftrag zu einer neuen Operette *La montagne bleue*, nach einem Libretto von Albert Willemetz. Dieses Werk konnte aber wegen des Kriegsausbruchs Anfang September 1939 nicht mehr aufgeführt werden und blieb ein Fragment. Noch während der ersten Kriegsmonate komponierte Stolz eine weitere Operette, *Bal Musette*, nach einem Libretto von Johannes Brandt und Paul Knepler, die aber gleichfalls nie aufgeführt wurde.

Triumphe und Flops am Hudson River

Seine erfolgreiche Arbeit für den deutschen Tonfilm führte dazu, daß Robert Stolz auch in seinen amerikanischen Exiljahren 1940 bis 1946 wieder in diesem Metier arbeiten konnte. Seine Musik war ja durch den großen Erfolg der *Zwei Herzen im Dreivierteltakt* in Amerika bekannt. Obwohl er gleich danach schon Angebote Hollywoods mit der Begründung abgelehnt hatte, »goldene Nockerln kann ich nicht essen«, interessierten sich jetzt wieder die großen Studios für den in Deutschland so erfolgreich gewesenen Komponisten.

Das erste Projekt war ein Remake der *Frühjahrsparade* mit dem Titel *Spring Parade*. Dieses großzügig ausgestattete Filmmusical wurde 1940 von Joe Pasternak, einem der erfolgreichsten Produzenten leichter Unterhaltungsfilme, produziert, mit dem Jungstar Deanna Durbin in der Hauptrolle. Entgegen der herrschenden Meinung stammte die Musik dieses Films aber nicht von Robert Stolz, sondern von dem 1896 in Wien geborenen Alban-Berg-Schüler Hans J. Salter, einem der damals erfolgreichsten Tonfilmkomponisten Hollywoods. Stolz steuerte nur einige neu getextete Lieder aus der alten erfolgreichen *Frühjahrsparade* bei, darunter *When April Sings* und das Walzerlied *Waltzing in the Clouds*. Letzteres war die englische Version von *Singend klingend ruft mich das Glück*, das er bereits 1934 komponiert hatte. Salter erinnerte sich in einem Interview mit dem Filmhistoriker Christian Cargnelli: »*Spring Parade* war der erste Deanna-Durbin-Film, den ich vom ersten Ton bis zum grandiosen Finale begleitete. Er war voller Musik, und die wienerische Atmosphäre war sehr inspirierend.« (Cargnelli: S. 112)

Den zweiten Auftrag verdankte Robert Stolz seinem Freund Teddy Baumfeld. Diesmal wurde er für den René-Clair-Film *It Happened Tomorrow* engagiert, eine nervenaufreibende, aber gleichzeitig befriedigende Arbeit für den Komponisten. Stolz erinnert sich an die strapaziösen Begleitumstände des Aufnehmens der Filmmusik:

... Als ich mit dem Musikaufnahmen beginnen wollte, herrschte ein unglaublicher Andrang in den Tonstudios, so daß ich schließlich die gesamte Filmmusik innerhalb von vierundzwanzig Stunden aufnehmen mußte und die Arbeit nur ab und zu unterbrechen konnte, um eine Zigarette zu rauchen oder eine Tasse Kaffee zu trinken. Wir fingen um acht Uhr morgens an, arbeiteten den ganzen Tag und die Nacht durch, und nachdem ich drei Schichten Studio-Musiker und Tontechniker »verbraucht« hatte, war ich schließlich gegen acht Uhr am nächsten Morgen fertig. Total erschöpft ließ ich mich auf den nächstbesten Stuhl fallen und schlief sofort ein, doch gleich kam jemand und sagte mir, ich solle mein Nickerchen anderswo halten, denn das Studio sei ausgebucht und die nächste Schicht wolle gleich mit der Arbeit beginnen. (Stolz: S. 397)

In diesem Zusammenhang wurde von einigen seiner Biographen behauptet, Stolz hätte für seine Filmmusiken zweimal die höchste Auszeichnung Hollywoods, den Oscar erhalten.

Selbst im sonst sehr gut recherchierten Buch von Attila Láng ist diese Legende noch zu finden.

Tatsächlich wurde Musik von Robert Stolz lediglich zweimal für den Oscar nominiert. 1941 das Lied *Waltzing in the Clouds* aus *Spring Parade* in der Kategorie »Best Music: Song« und dann vier Jahre später die gesamte Filmmusik aus *It Happened Tomorrow* in der Kategorie »Best Music: Original Score«. Beide Male ging Stolz allerdings leer aus.

Wie der offiziellen Homepage der »American Academy of Motion Pictures« zu entnehmen ist, erhielt den Oscar 1941 Leigh Harline für das Lied *When You Wish Upon a Star* aus dem Film *Pinocchio* und 1945 der exilierte Wiener Max Steiner für die Musik zu dem Film *Since You Went Away*. Steiner war einer der erfolgreichsten Komponisten Hollywoods und schrieb hunderte von Filmmusiken, darunter für *Casablanca* (1942), *Arsenic and Old Lace* (1944) und *The Big Sleep* (1946). Den Oscar hat Steiner insgesamt dreimal erhalten. Fast das gleiche Husarenstück gelang auch noch einem anderen Österreicher: Erich Wolfgang Korngold. Der erhielt zweimal den Oscar, für die Musik zu den Filmen *Antony Adverse* (1936) und *The Adventures of Robin Hood* (1938).

In Stolz' posthum erschienener Autobiographie *Servus Du* wurde dieser Fehler zwar korrigiert, in anderen Quellen aber wiederum aufrecht erhalten. Stolz selbst hat zu seinen Lebzeiten diesen Mythos immer wieder aufgewärmt, so etwa auf der Schallplatte *Robert Stolz erzählt sein Leben*, mehr zu seinem Schaden als zu seinem Vorteil. Denn die Tatsache einer zweimaligen Nominierung ist ehrenvoll genug, und die wahrheitswidrige Darstellung hat zumindest bei vielen Filmfreunden bis heute einen schalen Beigeschmack hinterlassen. Rätselhaft bleibt, warum sich die Oscar-Legende auch noch in aktuellen Publikationen findet, wie etwa in dem 2001 erschienenen Buch *Musiker und Mächtige* von Veronika Beci.

Robert Stolz hatte durch seine Oscar-Nominierungen in Amerika vor allem als Film- und Schlagerkomponist einen Namen, war aber als Dirigent weitgehend unbekannt. In seinen Erinnerungen beklagt er sich immer wieder darüber, daß viele Amerikaner zwar seine Melodien kennen würden, er ihnen aber als Person völlig fremd sei. Was er braucht, um dies zu ändern, ist das Interesse der musikalischen Öffentlichkeit. So griff er zur publizistischen Selbsthilfe: In einem Interview erzählte er einem Zeitungsreporter, er habe einen parodistischen Todesmarsch für Adolf Hitler komponiert, den er nach dem nachweislichen Tod des Führers öffentlich aufführen wolle. (Holm: S. 376)

Den Marsch hat es nie gegeben, aber der Publicity-Gag wirkt. Die Geschichte wurde von vielen Medien in großer Aufmachung zitiert und erweckte neues Interesse für die Wiener Musik und die Person Robert Stolz. Radiostationen spielten plötzlich wieder Operetten-Melodien und Stolz-Schlager, geschickte Manager begannen, Operettenaufführungen am Broadway vorzubereiten.

Dieses Unternehmen erwies sich anfangs aber als sehr schwierig. Denn in den USA galten Operetten aus »Good Old Europe« seit jeher als altmodisch. Alle einschlägigen Versuche waren kaum von Erfolg gekrönt, selbst die Klassiker von Offenbach und Strauß hatten in Amerika keine langen Laufzeiten. Trotzdem erhielten Karl Farkas, Robert Gilbert und Alfred Grünwald, die es gleichfalls nach New York verschlagen hatte, den Auftrag, österreichische Operetten für ein amerikanisches Publikum zu bearbeiten. (Markus: S. 146) Robert Stolz wurde für dieses Projekt als Dirigent engagiert.

Das Operetten-Revival startete am 11. April 1942 mit der *Fledermaus* im New Yorker Pythian Theatre, einer vergleichsweise kleinen Vorstadtbühne. Gezeigt wurde eine von Farkas neu getextete Version in deutscher Sprache, mit ihm selbst in der Rolle des Gefängniswärters Frosch. Stolz konnte, für Amerika ungewohnt, die von Strauß vorgeschriebene originale Orchesterbesetzung durchsetzen, versah aber die Ouvertüre mit einem neu arrangierten Schlußteil, der ihm für ein amerikanisches Publikum geeigneter erschien als die Originalversion. Die Kritiken waren durchwegs positiv: Robert Stolz wurde vom deutschsprachigen »New York Herold« eine musikalische Leitung »ganz im sprühenden Geiste des Komponisten« bescheinigt, und die Leistung von Farkas war nach dieser Kritik »ein Schlager für sich«. Die deutschsprachige Zeitung »Der Aufbau« attestierte dem »schwerlich überbietbaren Experten« Stolz, vom Pult des kleinen Orchesters aus eine wienerische Atmosphäre »in Praterstimmung« geschaffen zu haben. Und der Kritiker der Musikfachzeitschrift »The Etude« strich in diesem Zusammenhang die politische Dimension dieses Ereignisses heraus, das ja von Angehörigen einer Nation getragen war, mit der sich Amerika im Krieg befand: »*Die Fledermaus*, die erfolgreichste der Operetten von Johann Strauß Sohn kam … unter der meisterhaften Leitung von Robert Stolz zur Aufführung, der fraglos der größte lebende Nachfolger des unnachahmlichen Strauß ist. Die Aufführung fand in deutscher Sprache vor einem großteils aus Österreichern, Deutschen und Deutschamerikanern bestehenden Publikum statt, dessen Nazifeindlichkeit unverkennbar war«.

Mit der New Yorker *Fledermaus* hatte sich Robert Stolz in das Musikleben der amerikanischen Metropole eingeführt und die Voraussetzung für den nächsten spektakulären Karriereschritt geschaffen, der seinen Namen in ganz Amerika bekannt machen sollte. In seinen Erinnerungen schildert Stolz, wie er im Frühjahr 1942 in New York den Geiger Jack Fishberg, einen alten Bekannten aus den Berliner Tagen, auf der Straße trifft. Dieser war mit seinem Bruder gleichfalls emigriert und bei den New Yorker Philharmonikern untergekommen. Fishberg fragt Stolz, ob er nicht am Abend bei einem Konzert des renommierten Orchesters in der Carnegie Hall einspringen könne, da der vorgesehene Dirigent Bruno Walter krankheitshalber habe absagen müssen. Stolz ergreift die Chance und sagt zu. Das Management des Orchesters zögert zuerst, den als Dirigenten eines Eliteorchesters vollkommen unerfahrenen Robert Stolz anstelle des Stars Bruno Walter das Konzert übernehmen zu lassen. Schließlich stimmt man unter der Voraussetzung zu, daß die Brüder Fishberg persönlich die Haftung für einen eventuellen finanziellen Verlust übernehmen.

Aber an diesem Abend geht es um eine Stolz nicht unbekannte Musik: Auf dem Programm stehen fast ausschließlich Werke von Johann Strauß. Obwohl Stolz diese Musik schon länger nicht mehr dirigiert hatte, geht er das Risiko ein und führte das Orchester praktisch ohne Proben zu einem überwältigenden Erfolg. Die Kritiken der New Yorker Blätter sind fast durchwegs enthusiastisch. Das führende amerikanische Musikmagazin »The Etude« schreibt in seiner Ausgabe vom April 1942: »Robert Stolz ist der König des zeitgenössischen Wiener Walzers und der Operettenkomponisten. Er ist der Johann Strauß unserer Tage«.

Das Dirigenten-Debüt in der Carnegie Hall wurde später ein wichtiger Bestandteil der Stolz-Legende und von ihm selbst, aber auch von Marcel Prawy bei unzähligen Gelegenheiten als Indiz dafür kolportiert, daß Robert Stolz erst in Amerika als Dirigent »entdeckt« wurde. Trotzdem sind die Erinnerungen des Komponisten in diesem Punkt zumindest ungenau. Recherchen haben ergeben, daß Robert Stolz das erste Mal am 12. Februar 1941 zusammen mit siebzehn anderen Künstlern in der Carnegie Hall aufgetreten ist. In diesem Konzert wurden hauptsächlich Werke von Kálmán und

Oscar Straus gegeben. Am 31. März 1941 spielte er dort zusammen mit Ralph Benatzky und Jaromir Weinberger als »Masters of Viennese Music«, aber auch als »Artists in Need«, wie auf dem Programmzettel zu lesen war. (Hennenberg: S. 264) Zwei Jahre später, am 18. Mai 1943, gab es wieder ein Benfizkonzert zugunsten von Kriegsopfern, in dem Robert Stolz seine Kompositionen *Dreams by the Danube*, eine Suite nach Motiven aus verschiedenen Filmmusiken und *A Love Letter* als amerikanische Erst- und Uraufführung dirigierte.

Ob Stolz in einem dieser Konzerte tatsächlich Bruno Walter ersetzt hat, läßt sich heute nicht mehr verifizieren, ist aber unwahrscheinlich. In der 1948 erschienenen Biographie von Gustav Holm wird ein derartiges Konzert, das im Frühjahr 1942 stattgefunden haben soll, mit keinem Wort erwähnt. Auch erinnern sich Mitglieder des renommierten Orchesters an keinen vor 1943 liegenden Fall, in dem in der fraglichen Zeit ein ursprünglich vorgesehener Dirigent aus Krankheitsgründen durch einen anderen ersetzt werden mußte, wie der Leonard-Bernstein-Biographie von Joan Peyser zu entnehmen ist. (S. 140 ff.)

Diese Notwendigkeit ergab sich erstmals am 14. November 1943. An diesem Tag war ein Sonntag-Nachmittagskonzert der New Yorker Philharmoniker angesetzt, das von CBS landesweit übertragen werden sollte. Der vorgesehene Gastdirigent Bruno Walter war an Grippe erkrankt, und Arthur Rodzinski, der damalige Chefdirigent des Orchesters, konnte aufgrund des starken Schneefalls sein Haus in Stockbridge nicht verlassen. Der Assistent von Rodzinski mußte übernehmen und konnte einen triumphalen Erfolg feiern: Leonard Bernstein wurde durch dieses spektakuläre Einspringen von einem Tag auf den anderen zu einem Star.

Vielleicht war die Stolz'sche Darstellung seines Debüts in der Carnegie Hall auch von diesem Einspringen Bernsteins beeinflußt. Marcel Prawy und andere haben sich jedenfalls immer bemüht, Parallelen zwischen diesen beiden Komponisten und Dirigenten herzustellen, die immerhin am selben Tag Geburtstag hatten. Laut Prawy schätzen die beiden einander und erhielten auch jedes Jahr wechselseitig ein Telegramm mit Glückwünschen. Und beide erzählten Prawy immer wieder davon, wie sehr sie sich über diese Aufmerksamkeit gefreut hätten. Was sie nicht wußten: Alle diese Telegramme wurden heimlich von Prawy abgeschickt, wie dieser einmal selbst zugegeben hat.

Jedenfalls hatten die Dirigenten-Auftritte in der Carnegie Hall für Robert Stolz offensichtlich positive Folgen. Der in einem dieser Konzerte anwesende Manager Siegfried Hearst organisierte für Stolz eine Konzertreihe unter dem Titel »A Night in Vienna«, die ihn landesweit bekannt machte. Diese Open-Air-Konzerte mit einem Programm-Mix aus klassischer Wiener Unterhaltungsmusik und eigenen Kompositionen wurden große Publikumserfolge. Stolz konzertierte mit erstklassigen Orchestern unter anderem im Grant Park in Chicago, im Lewinsohn Stadion in New York und in der Hollywood Bowl vor bis zu sechzigtausend Zuhörern. Die Medien brachten durchwegs positive Kritiken. So war etwa im »Philadelphia Evening Bulletin« zu lesen: »Am Dirigentenpult stand Robert Stolz, der sich als Walzer- und Operettenkomponist einen hervorragenden Namen gemacht hat. Seine Autorität und sein Enthusiasmus auf diesem Gebiet stehen außer Frage«. Die »New York Herald Tribune« schrieb: »Robert Stolz, der eminente Operettenkomponist, führte den Taktstock. Die Präzision, die Nuancen und das Temperament, die er aus seinem Orchester herausholte, waren bemerkenswert«. Ordnet man das Debüt in der Carnegie Hall auch den Legenden zu, die »Night in Vienna«-Konzerte waren tatsächlich der endgültige Durchbruch für den Dirigenten Robert Stolz.

Die unter Stolz-Fans weit verbreitete Ansicht, diese Konzerte wären unvergleichbare Ereignisse gewesen, ist allerdings nicht richtig. Denn Open-Air-Konzerte mit klassischer Unterhaltungsmusik nach der Art der britischen »Proms« waren in den Vereinigten Staaten schon lange ein Publikumsrenner. Und seine Musik hatte der Walzerkönig persönlich in den Vereinigten Staaten populär gemacht. Johann Strauß dirigierte auf seiner Amerikatournee 1872 in Boston Monsterkonzerte vor mehr als hunderttausend begeisterten Zuhörern in einer eigens dafür errichteten Riesenhalle. Dabei konnte er allein durch seine Präsenz eine Hysterie entfachen, wie wir sie heute nur mehr etwa bei Konzerten von Robbie Williams oder Michael Jackson erleben können.

Musikalische Ereignisse mit mehreren zehntausend Zuhörern waren in den USA also überhaupt nichts Ungewöhnliches. Leopold Stokowski und sogar Arturo Toscanini dirigierten solche Konzerte. Auch der vergleichsweise unspektakuläre Josef Krips, ein bis heute unterschätzter Dirigent, hatte 1968 und 1969, ebenfalls mit den New Yorker Philharmonikern, über siebzigtausend Zuhörer im Central Park, sogar mit einem anspruchsvollen Programm mit Werken von Hector Berlioz, Richard Strauss und Igor Strawinsky. (Krips: S. 300)

In diesen Jahren ging auch die Serie der Operettenproduktionen am Broadway weiter. Am 19. und 20. Juni 1942 folgte eine »farbenreiche Aufführung« des *Zigeunerbaron* in der Cosmopolitan Opera, bei der Robert Stolz von der »New York Times« »eine Souveränität bei der Wahl der Tempi und die gleiche kundige Handhabung jeder rhythmischen und dynamischen Nuance« bestätigt wurde. Diese Produktion, bei der Herbert Graf Regie führte, wurde im August desselben Jahres vor rund achttausend Zuhörern im Lewisohn Stadion mit Dialogen in englischer Sprache wiederholt. Die

Zeitschrift »Der Aufbau« bestätigte Stolz in ihrer Rezension »eine musikalisch bis ins Feinste ausbalancierte Darstellung, wie sie spritziger, wienerischer und klangschöner schwerlich denkbar ist«.

1943 wurde dann, wieder im Cosmopolitan Opera House, *Der Bettelstudent* gezeigt, und dann noch im selben Jahr Lehárs *Lustige Witwe* am Majestic Theatre, in den Hauptrollen Jan Kiepura und Martha Eggerth, welche auch die Hauptsponsoren waren. Für diese Produktion einer »New Opera Company«, die wieder in einer Fassung von Karl Farkas, aber diesmal in englischer Sprache gezeigt wurde, stellte Stolz eigens eine Ouvertüre zusammen, die Standing ovations erntete. Außerdem brachte er als Einlage den Walzer *Gold und Silber* in einer Choreographie von Georges Balanchine.

Der Erfolg dieser *Merry Widow* in Starbesetzung übertraf alle Erwartungen. Die »New York Times« kündigte ihren Premierenbericht mit einem großen Foto des Ensembles auf der Titelseite an, und die Premiere selbst wurde zu einem gesellschaftlichen Ereignis. Doch für Stolz endete dieses Projekt mit einem Mißton. Es kam zu Differenzen mit dem prominenten Sängerehepaar, das in einigen Kritiken nicht optimal wegkam. Martha Eggerth wurde eine zu kleine Stimme bescheinigt, und bei Jan Kiepura stieß man sich an seinem polnischen Dialekt und seinen geringen darstellerischen Mitteln. Die beiden machten Stolz dafür verantwortlich und warfen ihm vor, er habe sie nicht gut präsentiert. Als Folge dieser Querelen stieg Stolz nach einigen Wochen aus der Produktion aus. Mit einem neuen Dirigenten lief die *Merry Widow* noch etwa ein Jahr lang am Broadway und ging dann für weitere zwei Jahre auf eine landesweite Tournee mit Stationen in Philadelphia, Boston, Chicago, San Francisco und Hollywood.

Robert Stolz versuchte in diesen Jahren, auch mit eigenen Schöpfungen zu reüssieren. Im Auftrag des Theatermoguls J. J. Shubert komponierte er bereits 1942 das Musical *One Night of Love*, das sich aber, von der Kritik zerrissen, nur kurz am Broadway halten konnte. Stolz führte den Mißerfolg auf die schlechte Ausstattung und die unerträglichen klimatischen Bedingungen zurück. Zudem hatte Shubert sich daran erinnert, Stolz schon 1906 einmal einen Vorschuß von fünfhundert Dollar für eine Operette gezahlt zu haben, die in Amerika nie aufgeführt wurde. Dieses Geld betrachtete Shubert jetzt als Anzahlung für das neue Werk, so daß Stolz mit dem neuen Musical auch finanziell schlecht ausstieg.

Alfred Grünwald, Emigrant wie Stolz, brachte ihn drei Jahre später auf die Idee, den triumphalen Auftritt von Johann Strauß bei der Weltausstellung 1872 in Boston in einem Musical zu verarbeiten. Aus Sprachgründen wurden zwei amerikanische Co-Autoren, Felix Brentano und Leonard L. Lewinson engagiert, die den ursprünglichen Entwurf weitgehend veränderten und Stolz von ihrer eigenen Version überzeugten.

So entstand 1944/45 das Musical *Mr. Strauss Goes to Boston*, das nach einer Probeaufführung in der nämlichen Stadt bald in das Century Theatre am New Yorker Broadway übersiedelte, dort aber nur wenige Aufführungen erlebte und schon nach einer Woche wieder abgesetzt werden mußte. Alfred Grünwald, der »Spiritus rector« dieses Projektes, sprach in einem Brief an Stolz sogar vom »größten Debakel in der New Yorker Theatergeschichte«.

Für Grünwald war dieser Flop besonders bitter, denn *Mr. Strauss Goes to Boston* war das einzige von ihm verfaßte Stück, das eine Aufführung am Broadway erlebte. Er schrieb am 1. Oktober 1945 an den »lieben Robert«: »Ich habe die traurige Genugtuung, daß ich sehe, wie mir die gesamt Presse hier hundertprozentig recht gibt mit allem, was ich ein Jahr vor der Premiere Herrn Brentano geschrieben und Dir gesagt habe. Ich habe immer erklärt, daß der ganze Aufbau des Stückes kindisch und dilettantisch ist, ohne Spannung, ohne Situation, lauter ganz schlechte Rollen. Ich muß Dir leider zum hundertsten Male sagen, daß es ein ganz verhängnisvoller Fehler war, gegen meinen dringenden Rat Johann Strauß in den Hintergrund zu schieben und plötzlich eine reine Stolz-Operette zu machen. Ich wußte, daß das die New Yorker Presse niemals fressen würde…« (»Ein Walzer muß es sein«: S 137). Stolz reagierte gekränkt und stellte aufgrund des »bissigen, mich künstlerisch beleidigenden Briefes« den Kontakt zu Grünwald vorübergehend ein.

Grünwalds Urteil steht in deutlichem Gegensatz zu Stolz' eigener Darstellung der Ereignisse und auch zu Marcel Prawys Meinung über den Mißerfolg von *Mr. Strauss Goes to Boston*. Beide führten das Debakel vor allem darauf zurück, daß damals in Amerika eine prinzipielle Stimmung gegen alles herrschte, was aus Wien oder Berlin kam (»Ein Walzer …«: S. 152). Die unbestreitbaren Erfolge der Operettenproduktionen am Broadway widerlegen diese Meinung aber zumindest teilweise, so daß Grünwalds Darstellung den Kern der Sache eher treffen dürfte. Das Buch von *Mr. Strauss Goes to Boston* gilt inzwischen als verschollen. Was die Musik betrifft, ist immerhin Klaus Eidam der Ansicht, daß Robert Stolz »den Broadway-Sound begeisternd mühelos zu bedienen wußte«. (Eidam: S. 171) Eine Nummer jedenfalls konnte sich des Publikumszuspruchs sicher sein: das großartige Lied *Du sollst der Kaiser meiner Seele sein*, aus der bereits 1916 entstandenen Operette *Der Favorit*, mit Robert Gilberts neuem englischem Text: *You Are Just a Melody That Haunts My Heart*.

In den Jahren 1943/44 entstand auch eines der am wenigsten bekannten und trotzdem reizvollsten Stolz-Werke. Er schrieb unter dem Titel *Schöne Stunden am Klavier* fünfundzwanzig kleine Stücke, die den Klavierschüler von der ersten Lektion bis zum perfekten Pianisten führen sollten, und widmete dieses Werk »allerherzlichst« der Tochter von Einzi Stolz, der »lieben kleinen Clarissa«.

Die Nachricht von der bedingungslosen Kapitulation Nazi-Deutschlands und vom Ende des Zweiten Weltkrieges ereilte Stolz während eines Konzertes in Chicago. Er erinnerte sich an diesen Augenblick:

Das Publikum erhob sich und sang »God Bless America« und ich glaube nicht, daß es in der riesigen Arena im Chicagoer Grant Park einen einzigen Menschen gab – mich eingeschlossen – dessen Augen trocken blieben. Es war, als seien wir alle soeben aus einem langen, ganz besonders abscheulichen Alptraum erwacht. Wir waren glücklich, heiter, müde, traurig, verblüfft – alles auf einmal. (Stolz: S. 434)

Von den emigrierten Komponisten aus dem Operetten- und Schlagerfach war Stolz der einzige, der in Amerika durch seine Dirigententätigkeit wirklichen Erfolg hatte. Alle anderen scheiterten mit ihren Versuchen, in ihrem angestammten Metier Fuß zu fassen. Die Konkurrenz der etablierten Broadway-Größen war zu übermächtig. Am schlimmsten erging es Paul Abraham und Ralph Benatzky. Der Schöpfer von *Victoria und ihr Husar* verfiel zunehmend in geistige Umnachtung und wurde in eine Nervenheilanstalt eingeliefert, als er vor einem Theater auf der Straße zu dirigieren anfing. Benatzky versuchte sich vergebens auf den verschiedensten Gebieten vom Kabarett bis zur Filmmusik, tingelte mit der »Austrian Cavalcade« durch das Land und war mehrmals dem

Selbstmord nahe. Emmerich Kálmán konnte mit *Marinka*, einer Musical-Version des Mayerling-Stoffes, genauso wenig reüssieren wie Stolz mit seinen entsprechenden Versuchen. Nur Oscar Straus' amerikanisierte Fassung von *Der tapfere Soldat* wurde unter dem Titel *Chocolate Soldier* einigermaßen populär.

Der genial begabte Oscar Straus hatte mit seiner Operette *Ein Walzertraum*, die im März 1907 im Carl-Theater uraufgeführt wurde, Kaiser Lehár fast den Rang abgelaufen. Das Werk wurde zu einem Sensationserfolg mit rund tausend Aufführungen en suite. *Der tapfere Soldat*, ein Jahr später entstanden, basierend auf der deutschen Bühnenfassung von George Bernard Shaws *Helden*, wurde zwar nicht so populär, war aber wohl sein brillantestes Werk. Für Stolz, der sich ihm seelenverwandt fühlte, war er der »Wiener Offenbach«, privat ein Verschwender, der auf großem Fuß zu leben pflegte, hinter dessen weltmännischem Auftreten sich aber Melancholie und Verzweiflung verbargen. Einer seiner Söhne beging im amerikanischen Exil Selbstmord, ein anderer starb an Tuberkulose, was für Straus eine Tragödie war, die er nie überwinden konnte.

Allerdings hat Robert Stolz seine Rolle bei der Wiederbelebung der Wiener Operette in New York gewichtiger dargestellt, als sie tatsächlich gewesen sein dürfte. Aus der Lektüre seiner Erinnerungen kann man jedenfalls den Eindruck gewinnen, die von ihm musikalisch betreuten Aufführungen wären singulär gewesen, und Stolz habe sich bei ihrem Zustandekommen nicht nur als Dirigent, sondern auch als Produzent betätigt:

Auf eigenen Beinen stehen – das klang von der Idee sehr gut, aber diese Idee erforderte entsprechende Umstellungen in unserem Tagesablauf. Wir mußten alles sein: Theatertruppe,

Gastgeber und Gastgeberin, Rechtsanwalt, Finanzierungsfirma, Handelsvertreter und redegewandte Manager. Und unsere hübsche Wohnung am Central Park verwandelte sich in eine Kombination aus freier Bar, Restaurant, Börse und Irrenanstalt! ... Ohne meine Einzi hätte ich das niemals durchgestanden. (Stolz: S. 405)

Diese Darstellung verschweigt aber wichtige Fakten, die erstmals von Regina Thumser in einem neu herausgekommenen Buch über die Aktivitäten der emigrierten österreichischen Künstler im amerikanischen Exil zusammengetragen wurden. (Klösch/Thumser: S. 116 ff.) Hauptverantwortlicher für die Operettenaufführungen war demnach Gustav Kotany, der in enger Verbindung zum »Committee for the Preservation of Austrian Art and Culture in the USA« stand. Kotany brachte bereits im Oktober 1941 Bruno Granichstaedtens Operette *Wenn die Musik spielt* im Theresa Kaufmann Auditorium unter der künsterischen Gesamtleitung des Komponisten heraus. Zu Beginn des Jahres 1942 folgte die englische *Fledermaus*-Version von Max Reinhardt, die unter dem Titel *Rosalinde* zwei Jahre lang im New Yorker Forty-Fourth Street Theater lief. Dirigent dieser Produktion war kein geringerer als Erich Wolfgang Korngold. Kotany übernahm dann auch im Auftrag des Komitees das Management für die von Stolz dirigierten Operettenproduktionen der *Fledermaus*, des *Zigeunerbaron* und des *Bettelstudenten*. Er war auch verantwortlich für eine Produktion des *Chocolate Soldier*, der englischen Version von *Der tapfere Soldat* von Oscar Straus in der Carnegie Hall. *Die lustige Witwe* wurde dann von einer »New Opera Company« produziert.

Trotzdem ist unbestritten, daß Robert Stolz vor allem durch die öffentliche Aufmerksamkeit, die er durch seine zwei Oscar-Nominierungen erreichen konnte, einen wichtigen Beitrag zur Popularisierung der Wiener Unterhaltungsmusik in den Vereinigten Staaten geleistet hat. Marcel Prawy hat wahrscheinlich recht, wenn er feststellt, daß Stolz durch seine Dirigiererfolge in New York zu einem »Zentrum der Musik-Emigration« wurde.

Nach dem unfreiwilligen Ausstieg aus der *Lustigen Witwe* und dem Ende des Krieges richtete Stolz sein Interesse wieder auf Europa. Er plante eine große Konzerttournee durch die Hauptstädte Europas, träumte von einem großen Empfang in Wien und einem Begrüßungskonzert mit den Wiener Philharmonikern, das ihm der Agent Kowalewsky arrangieren sollte. Er begann, zusammen mit Karl Farkas an einem Musical zu arbeiten, das er in Wien aufführen wollte. Da Farkas aber bereits zu Beginn des Jahres 1946 nach Wien zurückkehrte, gestaltete sich die Zusammenarbeit einigermaßen schwierig. Am 8. Oktober 1946 schrieb Stolz an seinen »lieben Freund Karl«:

Ich habe leider Gottes die trübe Erfahrung machen müssen, daß das ganze Konzertarrangement, welches Kowalewsky in Paris machte, vollkommen wertlos war und unseriös. Diese ganze Angelegenheit hat mir alle meine Reisepläne umgestoßen. Bevor ich diese Erfahrung machte, habe ich Kowalewsky ersucht, er soll das große Konzert mit den Wiener Philharmonikern in Wien womöglichst unmittelbar nach meiner Ankunft arrangieren! Ich habe aber nun das bestimmte Gefühl, nachdem er mir auch bezüglich des Pariser Konzertes hundertprozentige Seriosität prophezeite, daß er ebenfalls in Wien nicht der richtige Mann ist, um dieses sogenannte ›Begrüßungskonzert‹ für mich zu arrangieren! Welchen großen Wert es schon für unsere Premiere haben würde, wenn ein solches Konzert ehestens nach meiner Ankunft stattfindet, brauche ich Dir nicht erst zu beschreiben.

Im New Yorker Exil, 1945

Szenenfoto aus »Spring Parade« mit Deanna Durbin (2. v. li.)

Die »Lustige Witwe« am Broadway 1943

MAJESTIC THEATRE

MAGORO OPERATING CORP.

EMERGENCY NOTICE: In the event of an alert, remain in your seats. A competent staff has been trained for this emergency. Keep calm. You will receive information and instructions from the stage. F. H. La GUARDIA, Mayor

FIRE NOTICE: The exit indicated by a red light and sign nearest to the seat you occupy is the shortest route to the street. In the event of fire please do not run—WALK TO THAT EXIT.
Patrick Walsh, Fire Commissioner and Chief of Department

It is urged for the comfort and safety of all, that theatre patrons refrain from lighting matches in this theatre.

THE · PLAYBILL · A · WEEKLY · PUBLICATION · OF · PLAYBILL · INCORPORATED

Beginning Wednesday, August 4, 1943 — Matinees Thursday and Saturday

YOLANDA MERO-IRION
presents

JAN KIEPURA and MARTA EGGERTH

in the
THE NEW OPERA COMPANY PRODUCTION OF

THE MERRY WIDOW

with
MELVILLE COOPER

Music by Franz Lehar
New Book by Sidney Sheldon and Ben Roberts
Lyrics by Adrian Ross
Production directed and staged by
FELIX BRENTANO
Conductor, ROBERT STOLZ
Choreography by George Balanchine
SCENERY BY HOWARD BAY
COSTUMES BY WALTER FLORELL

CAST
(In Order of Appearance)

THE KING	KARL FARKAS
POPOFF	MELVILLE COOPER
JOLIDON	ROBERT FIELD
NATALIE	RUTH MATTESON

»Der Johann Strauß unserer Tage«: Ein Dirigent wird entdeckt.

Endlich die Richtige:
Heirat mit Einzi in Reno,
Nevada, 1946

Wie Du ja selbst weißt, lieber Karl, ist leider ›Propaganda‹ sehr wichtig und besonders für mich, wo ich über acht Jahre von Wien weg war, und deshalb bitte ich Dich, alles Mögliche zu veranlassen, damit meine Ankunft richtig vorbereitet wird.

Am 30. Oktober 1946 ist das Ehepaar Stolz dann unter den Passagieren eines der ersten regulären Flüge der PanAmerican von New York nach Wien. Einem Reporter, den ihn vor dem Abflug verwundert fragt, was er denn in diesen Zeiten in Wien zu suchen habe, beweist er mit seiner Antwort, daß er in Amerika seine Lektion in Public Relations gelernt hat: »Ich möchte die Minoritenkirche im Schnee sehen, und das ist Grund genug, um alle Opfer und Entbehrungen auf uns zu nehmen«.

Später Ruhm und Denkmalpflege

»Unser Stolz kommt zurück!« lautete eine Schlagzeile in der Wiener Tagespresse, als Robert und Einzi Stolz am 1. November 1946 in Tulln-Langenlebarn nach acht Jahren im Exil wieder österreichischen Boden betraten. Meine Tante Trude Raymond, damals Groundhostess bei der PanAmerican, erinnert sich heute noch an den triumphalen Empfang, der dem Ehepaar damals bereitet wurde. Mehrere hundert Schaulustige und viele Freunde waren gekommen, und ein kleines Orchester spielte Stolz-Melodien.

Mit seinem in Amerika erworbenen Renommee wäre Robert Stolz jetzt für Staatsoper und Volksoper als Dirigent interessant gewesen. Er selbst scheint sich das auch erwartet zu haben. Trotzdem dachten die damaligen Direktoren Franz Salmhofer und Hermann Juch und später auch Karl Böhm nicht daran, Stolz mit angemessenen Aufgaben an ihren Häusern zu betrauen. »Der Stolz kommt mir nicht ins Haus«, soll Salmhofer gesagt haben. Der in den folgenden Jahren immer wieder kolportierte Vorwurf, Stolz wäre nach seiner Rückkehr nicht entsprechend seiner Verdienste für das österreichische Musikleben behandelt worden, hat hauptsächlich darin seine Ursache.

Robert Stolz tat daher wieder das, was er schon immer getan hatte. Er schrieb neue Operetten, Musik für Filme und Chansons. Die Unterhaltungstheater brauchten Stücke, und Stolz lieferte sie. Das alte Publikum war zu einem großen Teil noch da und wartete auf neue Melodien. Stolz lieferte sie. Es waren immer wieder vor allem die alten Stoffe, die Stolz inspirierten. Doch sein erster Versuch, an frühere Erfolge anzuschließen, war zumindest ein gewagtes Experiment. Das »Broadway-Musical für Wien« mit dem Titel *Schicksal mit Musik* nahm jetzt Gestalt an. Farkas hatte der Geschichte stark autobiographische Züge gegeben: Ein Österreicher will sich wiederholt das Leben nehmen, wird aber von seinen Freunden und einer schönen Frau immer wieder daran gehindert.

Dieses Werk hatte am 26. November 1946 als eine der ersten Aufführungen seit Kriegsende im Wiener Apollo-Theater Premiere. Die Kritiken waren allerdings zwiespältig: »Farkas treibt rund um das makabre Ausgangsmotiv sehr amüsant mit Entsetzen Scherz«, war in der »Wiener Zeitung« zu lesen. Ein anderes Blatt betonte den nostalgischen Charakter des Werkes und lobte die Musik: »Stolz hat vielleicht das beste der österreichischen Wesensart in Töne gefaßt: die Gebundenheit an den Reiz der heimischen Seelenlandschaft bei weltoffenstem Sinn«. Die Aufführung mußte schon nach ein paar Tagen wieder abgesetzt werden, weil das Publikum ausblieb. Der Versuch, ein österreichisches Musical zu schreiben, war gescheitert. Nur ein einziges Lied blieb in Erinnerung, das ergreifende *Wohin ist das alles, wohin?*, das Stolz auf einen Text von Robert Gilbert bereits ein Jahr zuvor in Amerika komponiert hatte und das mit der Zeile endet: »Das müßt doch alles wieder zu haben sein, sonst täte mir die Welt so leid«.

Die Gründe für den Schiffbruch des *Schicksals mit Musik* lagen wahrscheinlich in der vollkommen anderen Erwartungshaltung des Publikums. Im hungernden und frierenden Wien der ersten Nachkriegszeit war das Interesse an einem sich modern gebenden Musical, in dem das Thema Selbstmord aufgegriffen wird, nicht vorhanden. Vom Team Farkas und Stolz erwartete man sich etwas ganz anderes, obwohl Einzi Stolz rückblickend die Ansicht vertrat, daß das Libretto von *Schicksal mit Musik* das beste Stück war, das Farkas jemals geschrieben hatte. (Stolz: S. 474)

Für Karl Farkas hatte dieser Durchfall negative Folgen. Die Erfüllung seines Herzenswunsches, in Wien ein eigenes Theater zu bekommen, wurde dadurch um einige Jahre verzögert. Sein Biograph Georg Markus schreibt: »Vermutlich dürfte der Mißerfolg seines *Schicksals mit Musik* viel dazu beigetragen haben, daß Stadt und Staat ihm die Leitung eines großen Theaters nicht anvertrauen wollten.« (Markus: S. 179) Erst 1950 wurde ihm die künstlerische Leitung des »Simpl« angeboten, womit eine neue Ära im Wiener Kabarettleben beginnen konnte, die Karl Farkas die größte Popularität seiner Laufbahn einbringen sollte.

Stolz konnte seinerseits auch im Filmgeschäft bald wieder Fuß fassen. 1947 komponierte er die Musik zu dem französischen Film *Une nuit à Tabarin*, nach einem Drehbuch von Ernst Neubach, Herbert Victor und André Tabet. Bei diesem musikalischen Lustspiel im Pariser Nachtlokal-Milieu führte Karl Lamac Regie.

Die nächsten Stolz-Schöpfungen, *Drei von der Donau*, nach Nestroys *Lumpazivagabundus*, und *Lied aus der Vor-*

stadt lagen wieder im alten Fahrwasser. Das letztere Werk, am 15. April 1948 im Volkstheater uraufgeführt, war eine alberne Geschichte vom Herrn Baron und Hausbesitzer und wurde ein glatter Mißerfolg: »Ja sehn'S, so ist das Leben in Wien!« schrieb die »Wiener Zeitung« ironisch, »... es besteht keine Gefahr, das wahre Wien zu Gesicht zu bekommen«. 1949 folgte *Frühling im Prater*, wiederum mit einem klischeeüberladenen Libretto von Ernst Marischka: »... ein Durcheinander von zwölf Bildern, nicht Revue und schon gar nicht Wiener Operette, die alte Geschichte vom armen Mädel und den reichen Herren, ein Buch nach uraltem Schnitt und dem Auftritt der Deutschmeisterkapelle an Kaisers Geburtstag als Höhepunkt«, schrieb die »Arbeiter-Zeitung«. Der Versuch einer Neubearbeitung dieses Werkes durch Hugo Wiener in einer Neuorchestrierung durch Teddy Windholz 1977 im Wiener Raimundtheater brachte auch keinen durchschlagenden Erfolg. Auch mit seinem ersten Musikfilm nach dem Krieg hatte Stolz dasselbe Problem. *Rendezvous im Salzkammergut*, im Jahr 1948 produziert, wurde wieder nicht mehr als ein Klischeefilm mit mehr als bescheidener Handlung.

1951 gab es wieder eine internationale Stolz-Premiere. Im Stoll-Theatre am Kingsway in London wurde das Musical Play *Rainbow Square* gezeigt, zu dem Guy Bolton und Harold Purcell die Vorlage geliefert hatten. Bolton war ein Profi des amerikanischen Showgeschäfts, der schon in den Jahren nach dem Ersten Weltkrieg viel mit Jerome Kern zusammengearbeitet hatte. Die britische Musikergewerkschaft verhinderte allerdings, daß Robert Stolz die Premiere dirigieren konnte. Was die Gründe dafür waren, ist den Stolz'schen Erinnerungen aber nicht zu entnehmen. Diese Produktion wurde wohl nicht mehr als ein Achtungserfolg ohne weitere Auswirkungen.

In Europa wurden Stolz-Operetten nach dem Zweiten Weltkrieg weiter aufgeführt, wenn auch in bescheidenerem Umfang als vor dem Krieg. *Mädi* fand sich einige Male auf den Spielplänen deutscher Stadttheater, im April 1953 wurde in Zürich eine Neufassung dieses Stolz-Werkes aus dem Jahr 1923 gezeigt. *Himmelblaue Träume* wurde 1950 zwei Monate en suite in Nürnberg und in einer italienischen Fassung von Mario Nordio als *Ciao, ciao* 1959 bei den Operettenfestspielen in Triest auf der Freilichtbühne des Castello di San Giusto durch ein Ensemble des Teatro Comunale Giuseppe Verdi aufgeführt.

Im Jahre 1952 hatten Will und Edith Petter, die damaligen Leiter der bereits 1936 von Karl Schäfer gegründeten Wiener Eisrevue, eine fast revolutionäre Idee. Roman Seeliger, der Sohn des Eis-Ehepaares, erinnert sich: »Will Petter versuchte, anstelle von zusammenhanglosen Revuebildern, die im allgemeinen in Eisschauveranstaltungen gezeigt wurden, eine in sich geschlossene Handlung zu setzen. Die Idee, eine solche ›Eisoperette‹ zu schaffen, ließ den Eisregisseur nicht mehr los … Was fehlte, war ein Komponist, der den durchgehenden Handlungsfaden einer Revue musikalisch umzusetzen vermochte … Es sollte möglichst jemand sein, der typisch wienerische Musik schrieb, flexibel genug war, um sich rasch auf ein neues Metier einstellen zu können, und einen weltberühmten Namen hatte.« (Seeliger: S. 49)

Man braucht nicht lange zu suchen. Robert Stolz, zu diesem Zeitpunkt bereits zweiundsiebzig Jahre alt, nahm diese Herausforderung an und bestand sie glänzend. Es war, als ob dieses Medium nur auf Stolz gewartet hätte. In den Traumwelten der Eisrevue fand die Stolz'sche Musik ein neues Ausdrucksfeld, in dem sein Universum der Rhythmen und Melodien noch einmal ein Massenpublikum anziehen und begeistern konnte. Hier entfaltete sich noch einmal jene

»wunderliche Eigenschaft«, die schon Alfred Polgar als geheimes Erfolgskriterium aller Unterhaltungsmusik definiert hat: wohlvertraute Originalität.

In die jeweiligen Programme wurden immer auch bekannte Stolz-Evergreens, aber auch Stücke anderer Komponisten eingebaut. Traditionellerweise stand der Donauwalzer am Ende des Programms, zuvor gab es meist den Stolz-Walzer *Wien wird schön erst bei Nacht*: »Für diesen Teil der Schlußnummer wurde der Aufführungsraum zunächst verdunkelt; nach und nach zündete man unzählige kleine Lichter an, um den romantischen Inhalt des Liedes zu unterstreichen.« (Seeliger: S. 51)

In den folgenden Jahren komponierte Robert Stolz die Musik zu insgesamt neunzehn Eisoperetten. Die jeweiligen Programme hatten ihre Premiere immer in Passau, kamen dann nach Wien in die Stadthalle und wurden danach fast zwei Jahre lang in allen großen Städten der Welt präsentiert. Insgesamt war das Eisrevue-Publikum wahrscheinlich das größte, das jemals mit der Musik von Robert Stolz in Berührung kam.

1952, im Jahr der ersten Eisrevue, hatte auch ein untypischer Film mit Musik von Robert Stolz Premiere. Im Auftrag der österreichischen Bundesregierung war auf Initiative von Ernst Marboe, dem damaligen Chef der Bundestheaterverwaltung, der utopische Film *1. April 2000* entstanden, ein Propagandawerk der anderen Art. Dieser Streifen, der mit Millionenaufwand produziert wurde, sollte die Besatzungsmächte dazu motivieren, aus Österreich abzuziehen. Er erzählt die Geschichte eines Kleinstaates, dessen Ministerpräsident die Unabhängigkeit seines Landes proklamiert. Davon irritiert, schicken die Alliierten eine Weltschutz-Kommission nach Wien, um Österreich anzuklagen. Deren Leiterin, gespielt von Hilde Krahl, läßt sich aber von den

Argumenten der Österreicher überzeugen. Es gibt ein Happy-End: Das Land bekommt seine Unabhängigkeit und der Ministerpräsident die Chefin der Weltschutz-Kommission zur Frau.

Das Singspiel *Das Spiel vom lieben Augustin*, das Herzstück der Wiener Festwochen des Jahres 1953, wurde einer der größten Mißerfolge für den Komponisten. Auf der Suche nach einer Dramaturgie für dieses Festival hatte der damalige Kulturstadtrat Hans Mandl zur »Schöpfung eines wienerischen Festspiels« aufgerufen und auf die Gestalt des Augustin verwiesen. »Dieser Saufaus und Liederjan aber wäre als Symbolfigur für Wien und die Wiener nur eine höchst zweifelhafte Ehrung, würde ihm nicht auch das Herz auf dem rechten Fleck sitzen und der Schnabel so gewachsen sein, daß er sich nicht scheut, auch bittere Wahrheiten auszusprechen«, gab die »Arbeiter Zeitung« vom 3. Juni 1953 die programmatische Linie vor. Die Autoren Ulrich Becher und Peter Preses bearbeiteten ihr bereits 1950 vom Volkstheater aufgeführtes Stück *Der Pfeifer von Wien* allerdings ausgesprochen ungeschickt, und auch Stolz schien beim Komponieren der Musik die Zeit des Geschehens und den dramaturgischen Anspruch völlig aus den Augen verloren zu haben: »Er komponierte zu einer Bühnenhandlung aus dem siebzehnten Jahrhundert eine Operettenmusik aus dem zwanzigsten«, schrieb die »Wiener Zeitung« in ihrer Kritik. Die eingeforderten »bitteren Wahrheiten« blieben in Handlung und Musik ausgespart. Der Kulturpublizist Friedrich Heer sprach in der Zeitung »Die Furche« vom 13. Juni 1953 sogar von einem »Wiener Festwochendebakel«, in dem unzulässigerweise versucht werde, »dem Volk zu geben, was dem Volk gefalle, der Kultur zu nehmen, was sie billig hergebe, und aus allerlei Anleihen und Harlekinaden ein Volksschauspiel zu schaffen«. *Das Spiel vom lieben Augustin* war in der langen Reihe seiner Bühnenwerke wahrscheinlich das erfolgloseste Stolz-Stück.

Robert Stolz kehrte nach dieser für ihn unangenehmen Erfahrung wieder auf vertrauteres Terrain zurück und schrieb zusammen mit dem Autorenduo Robert Gilbert und Per Schwenzen das Musical *Signorina*, das im April 1955 in Nürnberg uraufgeführt wurde. Der Stoff geht auf das bereits 1942 in New York begonnene, aber nicht vollendete Werk *Colorado Story* zurück, das verschiedene Neufassungen unter immer neuen Titeln erleben mußte. *Signorina* war bereits die dritte Fassung dieses Stoffes.

Ab 1950 unternahm Robert Stolz auch wieder ausgedehnte Konzerttourneen, jetzt unter dem Titel »Ein Abend in Wien«, die ihn in zahlreiche europäische Großstädte, aber auch nach Israel und die USA führten. Die Erfolge waren vor allem in Holland sehr groß. Dort hatte Stolz seit der Uraufführung seiner Operette *Wenn die kleinen Veilchen blühen* 1932 in Den Haag und der Galapremiere von *Zwei Herzen im Dreivierteltakt* im September 1950 in Amsterdam ein treues Publikum.

Er dirigierte seinen »Abend in Wien« zum ersten Mal am 23. März 1967 im Zirkustheater von Scheveningen, es folgten weitere Konzerte in Amsterdam, Rotterdam, Nimwegen und Kerkrade. Der Erfolg war so groß, daß die Tournee noch im August und September desselben Jahres wiederholt werden mußte. Weitere »Abende in Wien« folgten in den Jahren 1968 bis 1970, meist mit einem holländischen Orchester und den Solisten Margit Schramm und Rudolf Schock.

1969 verlieh Königin Juliane dem Komponisten den »Oranje-Nassau-Orden«. Im selben Jahr bekam Stolz einen holländischen Schallplattenpreis für zweihundertfünfzigtausend verkaufte Alben mit seiner Musik. 1970 wurde ein Porträt-Fresko des Komponisten in Falkenburg eingeweiht, und

1971 taufte Stolz ein neues Flugzeug der KLM-Flotte auf den Namen »Donau«. Diese Daten sind dem Buch von Fred Bredschneyder entnommen, in dem die Aktivitäten von Robert Stolz in Holland ausführlich dokumentiert sind.

Als Dank für diese Ehrungen schenkte Robert Stolz Holland drei Lieder, *De driekleur van de Nederlanden*, *Mein schönes Holland* und *Frühling in Amsterdam*. Die Texte dieser Lieder sind allerdings, wie schon so oft, kein Ruhmesblatt für den Komponisten: platteste Schülerlyrik, mit Tulpen- und Holzschuh-Klischees durchzogen. Da heißt es etwa im letzten Lied in deutscher Übersetzung: » … Frühling in Amsterdam, Amsterdam, Amsterdam, da schlägt das Herz bim-bam in Amsterdam«.

In Wien gingen in diesen Jahren die Versuche weiter, mit einem Bühnenwerk an die alten Erfolge vor dem Krieg anzuschließen. Einiges Glück hatte Stolz mit einer Neubearbeitung der Operette *Der süßeste Schwindel der Welt*, die es im Dezember 1956 im Theater in der Josefstadt zu sehen gab. Robert Gilbert hatte zusammen mit Stolz daraus ein intimes musikalisches Lustspiel gemacht, mit nur zwei Klavieren und einer Ziehharmonika statt eines großen Orchesters. Der *Kleine Schwindel in Paris*, so der neue Titel, kam mit dem ausgezeichneten Josefstädter Schauspielerensemble, darunter Peter Alexander, Chariklia Baxevanos und Helmut Qualtinger, bei Publikum und Presse sehr gut an. Die Zeitschrift »Variety« lobte die »einnehmende Musik voll Melodie und Rhythmus« und besonders Peter Alexander als »eine Art österreichischen Danny Kaye«. Das Lied *Verliebte muß man gar nicht erst in Stimmung bringen* hat der spätere Showstar und Entertainer schon damals unnachahmlich interpretiert.

Ein schöner Erfolg für Stolz wurde dann auch 1955 das Farbfilm-Remake der *Frühjahrsparade* unter dem neuen Titel

Die Deutschmeister, vor allem wohl wegen der Starbesetzung mit Romy Schneider, Hans Moser, Paul Hörbiger, Josef Meinrad, Susi Nicoletti und Heinz Conrads. Von ähnlichem Zuschnitt war der Streifen *Im Prater blüh'n wieder die Bäume* (1958), eine bittersüße Wiener Liebesgeschichte mit Johanna Matz und Gerhard Riedmann in den Hauptrollen.

1959 versuchte Stolz es wieder mit der Vertonung eines satirischen Stoffes. Kurt Nachmann und Peter Preses hatten die Komödie *Kitty und die Weltkonferenz* von Stefan Donat zu einem Musical umgearbeitet, das am 4. Februar 1959 im Theater in der Josefstadt uraufgeführt wurde. Auch dieses Werk wurde kein nachhaltiger Erfolg, auch weil in der Musik die satirische Komponente nicht wirklich zur Wirkung kommen konnte. Schon zwanzig Jahre zuvor hatte sich Helmut Käutner als Drehbuchautor und Regisseur an diesem Stoff versucht, gleichfalls ohne Erfolg; sein 1939 entstandener Debütfilm mit demselben Titel war schon bald wieder aus den deutschen Kinos verschwunden.

In Robert Stolz' letzten Lebensdezennien gab es vor allem Wiederverwertungen alter Operetten, etwa *Wiener Café*, ein Neuaufguß der bereits 1935 entstandenen Operette *Zum Goldenen Halbmond*. Robert Gilbert hatte das Buch überarbeitet und dabei Verse wie »Kipferl, du mein liebes Kipferl« geschaffen. Der schon etwas schale *Wiener Café* wurde aber zum Glück nicht in Wien, sondern 1960 in Dortmund serviert. Nach anderen Quellen gab es auch eine Aufführung am Grazer Opernhaus.

Eine zarte musikalische Komödie nach einer Vorlage des englischen Dramatikers Terence Rattigan kam unter dem Titel *Joie de vivre* im Mai 1960 in Oxford heraus und erschien dann am 14. Juli 1960 am Queens Theatre in London. Zu einer Produktion in deutscher Sprache kam es wegen des bescheidenen Erfolgs der englischen Fassung allerdings nicht.

Gleichfalls 1960 schrieb Robert Stolz zusammen mit Alessandro Cicognini Musik für den Film *A Breath of Scandal*, eine italienisch-amerikanische Coproduktion unter der Regie von Michael Curtiz, mit Sophia Loren und Maurice Chevalier in Hauptrollen. Diese Gesellschaftssatire im Wiener Adelsmilieu der Jahrhundertwende war eine Adaption des Bühnenstücks *Olympia* von Franz Molnár. In diesem Film tauchte auch eine neue Version der unverwüstlichen *Salome* unter dem Titel *Abat jour* auf. Die von Stolz komponierte Titelnummer interpretierte Maurice Chevalier.

Die Uraufführung der Revue-Operette *Trauminsel* bei den Bregenzer Festspielen im Sommer 1962 litt wieder vor allem am schlechten Buch von Robert Gilbert und Per Schwenzen. Es erzählt die Geschichte eines Fischerdorfs in Yucatan, an dessen Strand nach alter Sage einmal ein Geisterschiff kommen soll. Was tatsächlich kommt, ist ein Frachter mit Hollywoodkostümen an Bord, die der Kapitän irgendwo verkaufen will.

Trauminsel ist eine weitere Neufassung des *Signorina*-Stoffes aus dem Jahre 1955, allerdings wieder mit unzureichenden Mitteln. Ein guter Autor hätte aus dieser Situation, die Parallelen mit Richard Wagners *Fliegendem Holländer* aufweist, einiges machen können, stattdessen wird daraus eine platte Schlagerparade mit exotischen Kostümen und extravaganter Ausstattung, bei der »… diesmal der Kredit an Unwahrscheinlichkeit, den man willig jedem Operettentext einräumt, um ein Vielfaches überschritten ist«, wie der Kritiker der »Presse« schrieb.

Am 5. Juni 1963 gab es dann einen schönen Erfolg mit dem musikalischen Lustspiel *Ein schöner Herbst* im Theater in der Josefstadt. Hans Weigel hatte ein niveauvolles Buch geschrieben, und Schauspielgrößen wie Leopold Rudolf, Annie

Rosar und Elfriede Ott brachten Text und Musik bestens zur Geltung.

Am Silvesterabend des Jahres 1963 schließt sich für den bereits dreiundachtzigjährigen Komponisten ein Lebenskreis. Robert Stolz steht zum ersten Mal am Dirigentenpult der Wiener Staatsoper. Ermöglicht hatte dieses späte Debüt der damalige musikalische Leiter Herbert von Karajan, der Robert Stolz ein Jahr vor seiner Demission die Leitung »seiner« *Fledermaus* übergab. Karajan schätzte Stolz als Komponisten und Musiker, hatte er doch in seinen Jugendjahren, als er als Barpianist seinen Lebensunterhalt verdienen mußte, immer wieder auch Stolz-Lieder gespielt. Und Jahre später, als Karajan bereits ein Weltstar war, bezeichnete er *Auf der Heide blüh'n die letzten Rosen* in einem Interview als eines der schönsten deutschen Lieder.

Robert Stolz und Karl Böhm, beide gebürtige Grazer, begegnen einander in einem Schallplattenstudio, wo eben eine neue Stolz-Platte im Werden ist. Böhm hört aufmerksam zu und ruft verblüfft: »Was?, *Auf der Heide blüh'n die letzten Rosen* ist auch von dir? Und ich hab' geglaubt, das is' ein Volkslied! – Am End' hast du auch noch das *Heidenröslein* komponiert …!«

Am 25. März 1964 kam es zu einem Remake von *Frühjahrsparade* auf der Bühne der Wiener Volksoper. Otto Fritz, der Vizedirektor des Hauses, inszenierte das Werk nach der Demission von Franz Salmhofer in eigener Verantwortung. Ernst Marischka starb vor der Fertigstellung der Überarbeitung des Buches, so daß Hugo Wiener diese Aufgabe übernehmen mußte. Es war der erste Auftritt von Robert Stolz an diesem Haus, ein Jahr nach seinem Staatsoperndebüt, und wurde ein durchschlagender Erfolg für den Komponisten und Dirigenten. Im Finale waren über vierhundert Personen auf der Bühne des Hauses am Währinger Gürtel, einschließlich der Mozart-Sängerknaben, eines Extrachors und des verstärkten Balletts.

Die Handlung der *Frühjahrsparade* ist eine Beschwörung des Traums vom alten Österreich, der »guten alten Zeit«, in welcher der Kaiser ein gütiger alter Herr und das Militär vor allem »fesch« war. Es ist die Geschichte um einen Walzer, den der Korporal Willi Sedlmayer zu einem Marsch umkomponiert und der in dieser neuen Version so große Begeisterung auslöst, daß dieses »sittenlose Musikstück« von einer bei der Uraufführung anwesenden Erzherzogin im Namen des Kaiserhofes verboten wird. Mit einer List bekommt die Tante des unglücklichen Korporals eine Audienz beim Kaiser persönlich, der diese Anordnung aufhebt, so daß zum Schluß alle glücklich werden können.

Die Musik der *Frühjahrsparade* erwies sich als wirkungsvolle Theatermusik, und das Ensemble der Volksoper, darunter Fred Liewehr, Peter Minich, Mimi Coertse, Guggi Löwinger und Rudolf Carl, lieferten rollendeckende Interpretationen. In der Zeitung »Die Presse« erschien eine hymnische Kritik: »Die *Frühjahrsparade*, die mit großem Jubel und zum Entzücken aller in altösterreichischen Rhythmen schlagenden Herzen über die Bretter der Wiener Volksoper defilierte, ist in Wirklichkeit eine Robert-Stolz-Parade. ... Und wenn so manches bekannt und vertraut das Ohr berührt, muß man nicht erst überlegen, von wem es stammen mag, denn es ist alles echter, unverfälschter Robert Stolz und trägt die Marke seiner Persönlichkeit auf der Stirn. ... Wie fein in der Harmonie oder in der satz- und orchestertechnischen Zurichtung! Der Künstler mit der weitgespannten Erfindung ist zugleich ein großer, versierter Könner«.

Die *Frühjahrsparade* blieb elf Jahre lang auf dem Spielplan der Wiener Volksoper. 1973 gab es Neuinszenierungen dieses Werkes am Grazer Opernhaus mit nur neun Vorstellungen und an der Flämischen Oper in Antwerpen mit dreizehn Vorstellungen. Nach anderen Quellen wurde das Werk in siebzehn Theatern in Belgien und Frankreich nachgespielt. Im Mai 1979 wurde die Wiener Produktion der *Frühjahrsparade* mit etwa fünfhundert Mitwirkenden, dem Orchester und Chor der Wiener Volksoper und dem Musikbataillon der Wiener Polizei in der Wiener Stadthalle gezeigt.

Am 24. Mai 1965 dirigierte Robert Stolz mit großem Erfolg die Premiere einer Neuinszenierung des *Zigeunerbaron* von Johann Strauß in der Volksoper. Ein Jahr später schrieb er zusammen mit Peter Thomas seine letzte Filmmusik. Die deutsch-österreichisch-französische Koproduktion *Der Kongreß amüsiert sich* war eine unterhaltende Geschichte im Milieu des Wiener Kongresses von 1914/15 und mit Lilli Palmer, Curd Jürgens und Walter Slezak prominent besetzt. Regie führte Géza Radvány. Ein Jahr darauf gab es noch eine filmische Zugabe. Die Salzburg-Film produzierte im Auftrag der österreichischen Fremdenverkehrswerbung einen für die Weltausstellung in Montreal gedachten Werbefilm mit dem Titel »Verliebt in Österreich«, selbstverständlich mit Musik von Robert Stolz.

Bei den Bregenzer Festspielen 1969 kam dann die *Hochzeit am Bodensee*, das letzte Bühnenwerk von Robert Stolz, groß heraus. Hugo Wiener hatte die Operette *Gruezi*, die schon 1934 für das Stadttheater Zürich geschrieben wurde, für den See eingerichtet und mit alten Stolz-Evergreens angereichert. In dieser Produktion war erstmals Dagmar Koller in einem Bühnenwerk des Altmeisters zu sehen. Koller trat dann 1979 als Star in einer der erfolgreichsten deutschen Fernsehshows, *Komm in den Park von Sanssouci*, als Interpretin von Stolz-Liedern hervor.

Hauptprobe zur *Hochzeit am Bodensee* bei den Bregenzer Festspielen 1969. Robert Stolz überwacht die Probe persönlich. Drei Damen in Nebenrollen treten auf und bleiben unhörbar.
Stolz ruft: »Was ist los? Ist die Lautsprecheranlage kaputt?«
Erklärt der Inspizient: »Nein, Herr Professor, die Damen markieren nur!«
Erwidert Stolz: »Also so viel hab' ich für die Damen wirklich nicht komponiert, daß die sich schonen müssen!«

Anläßlich des neunzigsten Geburtstags des Komponisten erlebte 1970 eine der besten Stolz-Operetten, *Venus in Seide*, einige Neuinszenierungen, so an der Wiener Volksoper, am Grazer Opernhaus und in Luzern mit jeweils etwa zwanzig Vorstellungen. Die Volksopern-Premiere wurde ein enthusiastisch gefeiertes Ereignis. Die »Presse« schrieb am 15. März: »Ein ganzes Haus springt von den Sitzen, jubelt, tobt, schreit bravo, klatscht sich die Hände wund. Kein gestrenger Polizistenblick mahnt das Publikum zur Ordnung. Warum denn auch? In der Volksoper erlebt die *Venus in Seide* die Wiener Erstaufführung«.

Zwei Herzen im Dreivierteltakt wurde in den siebziger Jahren auch noch international gespielt, 1971 in Pilsen (achtzehn Vorstellungen) und 1979 in Antwerpen an der Königlichen Flämischen Oper (fünf Vorstellungen). An der Wiener Volksoper wurde diese Operette im Todesjahr von Robert

Stolz fünfzigmal gegeben. Im Wiener Raimundtheater erlebte *Tanz ins Glück* im Jahre 1970 immerhin noch einunddreißig Vorstellungen. Bereits in memoriam Robert Stolz die liefen dort die *Himmelblauen Träume* 1975 zwei Monate, und *Frühling im Prater* stand zwei Jahre später auch zwei Monate auf dem Spielplan. Über die *Himmelblauen Träume* stand in einer Kritik zu lesen: » ... es gibt auch Längen und sogar – man verzeihe – leere Passagen in der Musik,... die in manchen Szenen als gezwungen und unmelodisch empfunden werden kann. Der Abend endet aber wie alle Premieren im Raimundtheater: mit viel Beifall und Blumen und Geschenken für alle an der Produktion und Darstellung Beteiligten«.

In den sechziger und siebziger Jahren war Musik von Robert Stolz selbstverständlich auch fester Bestandteil der Unterhaltungsprogramme des Österreichischen Rundfunks. So gab es neben zahlreichen Fernsehsendungen etwa ein wöchentliches Radioprogramm mit dem Titel »Robert Stolz dirigiert«, in der jeweils am Freitag Melodien des Altmeisters gespielt wurden. Seine Schallplatten waren Bestseller, nicht zuletzt auch aufgrund des sehr professionellen Marketings seiner Frau Einzi. Um Stolz-Musik unters Volk zu bringen, war der Komponist manchmal auch bereit, von seinen musikalischen Prinzipien abzugehen. Sein Sekretär Gerhard Menhard erinnert sich an die Produktion einer Schallplatte mit Tangomusik, die Stolz ganz gegen seine Gewohnheit ohne Rubati streng im Takt dirigieren mußte. Diese Platte wurde dann mit einem entsprechenden Werbebrief gratis an vierhundert österreichische Tanzschulen verschickt. So kam Österreichs tanzbeflissene Jugend vielfach zum ersten Mal mit Stolz-Musik in Kontakt. Auch seine Klavierschule wurde viel verwendet, und einige seiner alten Lieder waren ab den sechziger Jahren fix im Lehrplan des Musikunterrichts an Österreichs Schulen.

Die Popularität von Robert Stolz in seinen letzten Lebensdezennien war so groß, daß die Musikanten bei seinem Lieblingsheurigen am Heiligenstädter Pfarrplatz sofort eine seiner Melodien intonierten, wenn der Altmeister, natürlich mit Einzi am Arm, das Lokal betrat. Peter Igelhoff komponierte ihm sogar ein eigenes Wienerlied:

»... und regiert auch lang schon kein Kaiser und König in Wien,/ regiert doch ein Fürst dort der schönsten Melodien,/ ja, der ist noch geschnitzt aus 'nem alten Holz:/ ja die Wiener san schon stolz auf ihr'n Stolz!«

Robert Stolz starb am 27. Juni 1975 bei Plattenaufnahmen in Berlin – einige Wochen vor seinem fünfundneunzigsten Geburtstag. Sein Leichnam wurde nach Wien überführt, in der Wiener Staatsoper aufgebahrt und unter großer Anteilnahme der Bevölkerung in einem Ehrengrab der Stadt Wien auf dem Zentralfriedhof beigesetzt.

Den stimmigsten Nachruf für den »alterslos erscheinenden Methusalem der heiteren Musik« ... dessen musikalische Phantasie ihn »wie eine heitere Gloriole bis zuletzt begleitete«, verfaßte Max Kaindl-Hönig in den »Salzburger Nachrichten« am 28. Juni 1975: »Robert Stolz stempelte der großzügige Charme, mit dem er überall zu verkehren und sich Freunde zu machen wußte, zum eigentlichen Weltbürger seiner Muse. Heute sind wir sicher, daß das Adieu dieses Österreichers, den man zuletzt seit seiner Heimkehr aus der amerikanischen Emigration 1946 wieder am engsten wohl mit Wien in Verbindung brachte, fast auf der ganzen Welt als der Abschied eines liebenswürdigen musikalischen Poeten und Herzensbrechers (zumindest der älteren Generation) betrauert werden wird«. Robert Stolz hatte seinen musikalischen Lebenskreis ausgeschritten, der fast ein Jahrhundert umspannt und an einem Sommertag des Jahres 1880 in Graz seinen Anfang genommen hatte.

Zweiter Teil: »Ich hab' mich tausendmal verliebt …«

Das Leben des Robert Stolz muß mit Musik begonnen haben. Vielleicht waren die ersten Höreindrücke des Neugeborenen die Töne einer Sonate von Clementi, von einer Klavierschülerin gespielt, oder die Klänge einer Militärkapelle, die vor dem Elternhaus im Palais Wurmbrand, in dem auch die Musikschule untergebracht war, vorbeimarschierte. Jedenfalls wird berichtet, daß der Vater seinen Musikunterricht erst unterbrochen habe, als ihm die Geburt seines jüngsten Sohnes gemeldet wurde.

Robert Elisabeth Stolz wurde am 25. August 1880 in Graz geboren. Er war das zwölfte von dreizehn Kindern, die Frau Ida Bondy ihrem Gatten Jakob Stolz zur Welt brachte. Die immer wieder genannte Zahl von insgesamt zwölf Kindern ist falsch; es gab noch einen jüngeren Bruder Rudolf, der gleich nach der Geburt starb. Beide Eltern waren Musiker, die Mutter eine renommierte Konzertpianistin, der Vater ein hochangesehener Musikschuldirektor und Musikhistoriker, der auch komponierte, vor allem Kirchenmusik. Jakob Stolz wirkte in jüngeren Jahren auch als Dirigent am Grazer Opernhaus und soll nach der Erinnerung seines Sohnes die österreichische Erstaufführung des *Tannhäuser* von Richard Wagner 1854 in Graz geleitet haben.

Über den familiären Hintergrund und die zahlreichen Geschwister ist wenig bekannt. Stolz erwähnt zwei Brüder und die drei Schwestern Mizzi, Pauline und Susi, alle wesentlich älter als Robert. Bruder Leopold machte eine beachtliche Karriere als Operndirigent und hatte nach den Erinnerungen von Stolz bedeutende Positionen an verschiedenen deutschen Fürstenhöfen inne. Er dürfte ein seriöser, akademisch ausgebildeter Musiker gewesen sein, der als ständiger Dirigent am Hoftheater in Wiesbaden die Wertschätzung von Kaiser Wilhelm genoß, wie auch die der Familie Wagner, die seine Wagner-Interpretationen schätzte. Die restlichen Geschwister dürften, wie auch sein jüngerer Bruder, sehr früh verstorben sein. In der Musikwelt bekannt ist auch der Name seiner Großtante Teresa Stolz. Die große Verdi-Interpretin war die Geliebte des italienischen Maestro und hat viele seiner Sopran-Rollen erstmals gesungen.

Robert wuchs praktisch mit Musik auf. Es dürfte nicht allgemein bekannt sein, daß er eine gediegene klassische Musikausbildung genießen konnte. Dafür sorgte neben den Eltern auch Johannes Brahms, ein enger Freund der Familie. Im Elternhaus verkehrten neben Brahms auch Anton Bruckner und Johann Strauß. Roberts kompositorisches Talent wurde daher früh erkannt und von den Eltern gefördert. Der Vater unterrichtete ihn schon im Vorschulalter in Musiktheorie, und mit sieben Jahren beherrschte Robert bereits mehrere Instrumente.

Ansonsten war der junge Stolz ein sehr schlechter Schüler. Er erinnert sich, daß ihn seine Lieblingsschwester Mizzi indirekt vor dem endgültigen Durchfallen rettete. Sein Klassenlehrer Dr. Lesky verliebte sich in Mizzi, heiratete sie bald darauf und konnte jetzt seinen jungen Schwager natürlich nicht mehr durchfallen lassen. Albin, der Sohn der beiden, wurde später ein hochgeachteter Universitätsprofessor, ein anerkannter Philologe und Altertumsforscher.

Schon mit acht Jahren ging Robert als Pianist mit dem Vater auf Tournee. Seine erste Komposition für Klavier schrieb er als fünfzehnjähriger Mittelschüler, sein opus 4, eine *Valse brillante* für Klavier, erregte bereits Aufmerksamkeit in der Grazer Lokalpresse. Mit sechzehn Jahren soll er die Staatsprüfung am Wiener Konservatorium abgelegt haben, wo unter anderen Robert Fuchs und Engelbert Humperdinck seine Lehrer gewesen sein sollen. Die genauen Umstände seines Studiums am Wiener Konservatorium sind bis heute ungeklärt. Einige Biographen behaupten, Stolz habe das Musikstudium mit Auszeichnung abgeschlossen, dagegen hält Franz Hertel fest, Stolz habe dort nicht einmal einen regulären Studienplatz gehabt. (Hertel: S. 12)

»Ich hab' mich tausendmal verliebt ...«

Vater Jakob hatte immer gehofft, sein begabter Sohn würde sich auch für die Karriere eines seriösen Musikers entscheiden und eines Tages Opern und Symphonien schreiben oder zumindest die Laufbahn eines Opern- und Konzertdirigenten einschlagen. Denn für die populäre Unterhaltungsmusik seiner Zeit hatte Jakob Stolz nicht viel übrig. Er empfand die Beschäftigung damit ganz einfach als ein Verschwenden von Talent. Doch Jakob Stolz legte dem Bestreben seines begabten Sohnes, ins leichte Fach zu gehen, nichts in den Weg. Robert Stolz schreibt darüber in seinen Erinnerungen:

Vaters Schicksal war es gewesen, ein Musiklehrer und -gelehrter zu sein und ein Komponist von Messen, Symphonien, vor allem von kirchlicher Musik. Mir dagegen war beschieden, ein Leben nach Art eines Bohemien zu führen, das der »leichten« Muse gewidmet blieb. Gemeinsam war uns, daß wir zunächst auf ein- und derselben Woge schwammen: der Liebe zur Musik. Aber dann wurden wir von zwei Strömungen in unterschiedliche Richtungen getrieben. Unserer Zu-

neigung tat dies keinen Abbruch, zumindest seitdem klar war, daß auch ich auf meinem ureigensten Gebiet Erfolge errungen hatte (Stolz: S. 224).

1903 wurde Robert Stolz als Kapellmeister nach Brünn engagiert. Zur großen Freude seines Vaters empfand er diesen Karriereschritt als eine Art »höhere Berufung«. Dem Dreiundzwanzigjährigen gelang es in Brünn in kurzer Zeit, durch harte Arbeit und Fleiß die Reputation eines ausgereiften Dirigenten zu erlangen. Eine Gastspielreise nach Italien, mit Stationen in Rom, Mailand und Florenz, festigte diesen Ruf, und Vater Jakob konnte diese ersten Erfolge seines Sohnes noch miterleben.

Grete und Franzi

Während seines Engagements in Brünn lernte Robert Stolz auch seine erste Frau kennen. Grete Holm, eine begabte Sängerin, hatte aus dem Chor der Brünner Oper heraus rasch Karriere als Solistin gemacht. Die beiden heiraten noch 1904 und gaben erst nach dem Engagement von Robert Stolz an das Theater an der Wien ihre Abschiedsvorstellung in Brünn: am 29. Mai 1907 mit der Oper *Mignon* von Ambroise Thomas. Glaubt man allerdings der Darstellung von Gustav Holm, dann war Grete Holm die Tochter eines wohlhabenden Wiener Textilkaufmanns und wurde bereits als fertig ausgebildete Sängerin von Direktor Lechner an das Deutsche Theater in Brünn engagiert. Ihre Antrittsrolle dort soll *Die Regimentstochter* in Gaetano Donizettis gleichnamiger Oper gewesen sein. (Holm: S. 136 f.)

In Brünn ließ sich Stolz auf Anraten seines Direktors auch einen Spitzbart wachsen, um älter auszusehen. Dieser

»Henry-Quatre« wurde in den nächsten Jahren so etwas wie ein Markenzeichen für den jungen Komponisten und begleitete ihn bis in seine Berliner Jahre.

»Ich hab' mich tausendmal verliebt ...«

Grete Holm setzte ihre Sängerlaufbahn in Wien erfolgreich fort und kreierte unter anderem die Zorika in der *Zigeunerliebe* von Franz Lehár, die am 8. Jänner 1910 im Carl-Theater unter der Leitung des Komponisten Premiere hatte. Die Ehe stand allerdings von Anfang an unter keinem guten Stern. Es war vor allem die wechselseitige Eifersucht auf die Karriere des Partners, die sich belastend auswirkte. Als Stolz die Chorsängerin Franzi Ressel kennenlernte, wurde diese bald seine Geliebte. Stolz hatte mittlerweile genug Einfluß, um Franzi eine Nebenrolle in Franz Lehárs neuem Opus *Eva* zu verschaffen, das am 24. November 1911 im Theater an der Wien uraufgeführt wurde.

In seinen Erinnerungen schildert Stolz, wie sich die heimlichen Rendezvous mit Franzi häuften. Als seine Frau die beiden bei einem heimlichen Kinobesuch in Meidling durch Zufall ertappte, kam es dort zu einer Szene. Stolz mußte in der Folge die eheliche Wohnung fluchtartig verlassen, indem er sich an zusammengeknoteten Leintüchern über den Balkon auf die Straße abseilte. Dort wurde er von ein paar Freunden, darunter Peter Altenberg, in Empfang genommen, die ihn dann für die nächste Zeit provisorisch in einem Stundenhotel unterbrachten. (Stolz: S. 171 f.)

Franzi Ressel wurde im Jahre 1912 seine zweite Frau und wichtig für seine Karriere. Sie kreierte die meisten seiner Lieder aus dieser Zeit und verkörperte in vielen neuen Stolz-Operetten tragende Rollen. Robert und Franzi waren in Wien bald ein stadtbekanntes Paar und traten auch oft zusammen in Kleinkunstbühnen auf, so etwa beim »Leicht« im Prater oder im Kabarett »Simpl« in der Wollzeile.

Dieses seit 1912 von Egon Dorn als »Biercabaret Simplizissimus« betriebene Etablissement war damals der Treffpunkt aller namhaften Kabarettisten Wiens. Im verrauchten Keller des »Simpl« konnte man in allabendlich ausverkauften Vorstellungen Fritz Grünbaum, Paul Morgan, Armin Berg, Hermann Leopoldi, Gisela Werbezirk und ab 1922 Karl Farkas erleben. Auch Theatergrößen wie Raoul Aslan waren manchmal als Gaststars zu sehen. Robert Stolz traf dort erstmals auf seinen späteren Hauptkonkurrenten Ralph Benatzky, der im »Simpl« ab Oktober 1919 wie Stolz seine neuesten Lieder und Chansons präsentierte. Interpretin war Benatzkys Frau Josma Selim, wie Franzi Ressel eine populäre Chansonette.

Im Rahmen der allgemeinen Mobilisierung zu Beginn des Ersten Weltkriegs wurde auch Robert Stolz eingezogen. Er war zum Zeitpunkt des Kriegsausbruchs vermutlich in Wien. Daß er an diesem Tag die Uraufführung seiner Operette *Das Lumperl* dirigiert haben soll, wie dies zwei Biographen behaupten, ist sicher falsch. Diese Premiere fand erst am 31. Juli 1915 in Stuttgart statt.

Als Musiker kam Stolz in das Regiment der k. u. k. Hoch- und Deutschmeister. Aufgrund seiner bereits arrivierten Stellung als Komponist und Dirigent bekam er genügend Freizeit, um neben dem Militärdienst weiter zu komponieren, und konnte seine neuen Werke auch im Ausland dirigieren. Die Uraufführung der Operette *Der Favorit* erregte damals in Berlin erhebliches Aufsehen, weil Stolz bei der Premiere an der Komischen Oper in der österreichischen Armeeuniform am Dirigentenpult stand.

Sein Wiener Stammcafé in diesen Jahren war das Café Dobner, unmittelbar neben der Sezession gelegen. »Dieses Café«, schrieb Emil Szittya ein paar Jahre später, »ist vielleicht das älteste und interessanteste Artistenlokal in Europa. Es gibt dort ein merkwürdiges Durcheinander-Publikum.

Halbweltliche, die noch auf der Höhe ihres Berufes stehen. Die Mitglieder aller Wiener Operettentheater. Jeden Nachmittag eilt durch das Lokal der bekannte Wiener Operettenkomponist Bodansky, der neben seinem Beruf unter dem Namen Danton schlechte anarchistische Gedichte schreibt, die er in der anarchistischen Zeitschrift ›Erkenntnis und Befreiung‹ publiziert.« (»Das Wiener Kaffeehaus«: S. 98) Das Dobner vergammelte nach dem Zweiten Weltkrieg fast vollständig und war in den siebziger Jahren eines der Zentren der Wiener Anarcho-Szene. Heute befindet sich in den Räumlichkeiten ein Diskontladen.

»Ich hab' mich tausendmal verliebt ...«

Stolz vermerkt in seinen Erinnerungen, daß er eines Tages in diesem Café von Graf Ledebour, dem Adjutanten des Thronfolgers aufgesucht wurde, der ihm eine persönliche Einladung Erzherzog Karls überbrachte. Der junge Komponist gab für den Erzherzog ein Privatkonzert, das bis in die frühen Morgenstunden gedauert haben soll. Als Dank dafür schenkte ihm Karl eine mit Diamanten besetzte Krawattennadel, die Stolz bis an sein Lebensende in Ehren hielt. Sein Biograph Attila Láng behauptet dagegen, Stolz hätte die Krawattennadel schon 1908 für eine Kompositionswidmung bekommen und erwähnt nichts von einer persönlichen Begegnung mit dem Thronfolger. (Láng: S. 27)

Das Ende des Ersten Weltkriegs brachte für Österreich einen geistigen Umbruch. Wien wurde plötzlich von der Metropole eines Reiches mit rund einundfünfzig Millionen Einwohnern zur Hauptstadt eines Kleinstaats. Das bedeutete auch eine radikale Veränderung im Kulturleben. Wien konnte nicht mehr die musikalische Welt beeinflussen, sondern wurde jetzt zunehmend von außen beeinflußt. Vor allem Berlin entwickelte sich rasch zur kulturellen Metropole Europas und übte auf Künstler aller Sparten eine unwiderstehliche Anziehungskraft aus.

*Ein junger Herr
mit Henriquatre:
Kapellmeister in Brünn 1905*

Franzi Ressel, die zweite Frau

Stolz (vorne, 2. v. l.)
beim Militär, 1917

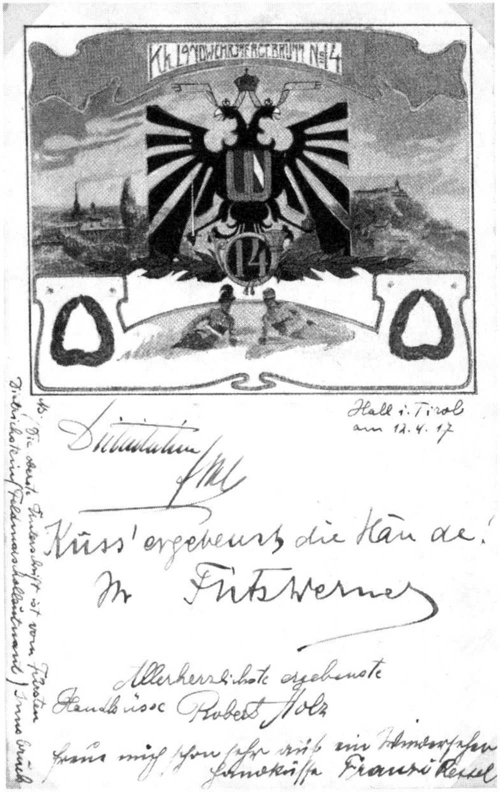

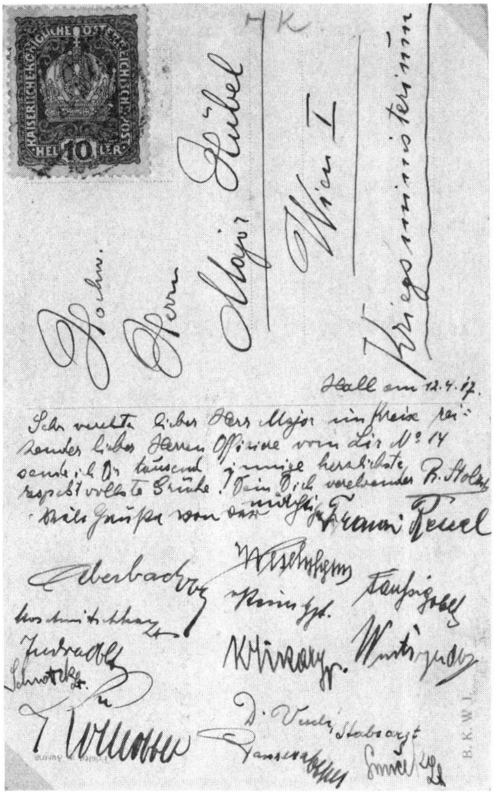

Ein Gruß an den Kompaniekommandanten

Jakob Stolz starb 1919 an einer damals in Österreich grassierenden Grippeepidemie, was für seinen Sohn nicht nur persönlich ein schwerer Schlag war, sondern in seinem subjektiven Empfinden auch das Ende einer Epoche bedeutete. Die Stadt Graz errichtete »zum ehrenden Gedächtnis an den heimischen Tonkünstler und Musiklehrer« einen Gedenkstein am Schloßberg, einem Ort, an dem sich Jakob Stolz zu Lebzeiten gerne aufgehalten hatte.

In diesen Jahren ging auch Robert Stolz' Ehe mit Franzi in die Brüche. Wiederum war es vor allem die gegenseitige Eifersucht auf die künstlerischen Erfolge, welche die beiden einander entfremdet hatte. Wie Stolz in seinen Erinnerungen berichtet, merkte er diese Entfremdung vorerst nicht, weil er zu sehr mit seiner Arbeit beschäftigt war. Als er 1921 in Berlin seine Operette *Die Tanzgräfin* aus der Taufe hob, ereilte ihn die Nachricht, daß Franzi aus der gemeinsamen Wohnung ausgezogen sei. Sie ließ bloß einen Brief zurück, in dem sie ihm kurz mitteilte, sie müsse »der Stimme ihres Herzens folgen«. Es war ausgerechnet sein Freund und Geschäftspartner Otto Hein, mit dem ihn seine zweite Gattin verlassen hatte.

Fini

Infolge dieses Schicksalsschlages fiel Robert Stolz in eine tiefe Depression und überlegte eine Zeitlang ernsthaft, ins Kloster zu gehen. Er machte einen Besuch am Berg Athos und schrieb aus dieser Stimmung heraus seine einzige Oper *Rosen der Madonna*. Dann überlegte er es sich anders und beschloß, von einem Freund umgestimmt, das erste hübsche Mädchen zu heiraten, das ihm über den Weg laufen würde. Es war das Starlet Josefine Zernitz, genannt Fini. Die nur drei Monate dauernde dritte Ehe wird von den meisten Biographen interessanterweise kaum erwähnt. Sie war aber für den weiteren Lebensweg des Komponisten wichtig, wenn auch in negativer Hinsicht.

»Ich hab' mich tausendmal verliebt ...«

Um der ehrgeizigen, aber offensichtlich unbegabten Fini eine Auftrittsmöglichkeit zu verschaffen, kaufte Stolz Anfang 1924 die »Max-und-Moritz-Bühne« in der Wiener Annagasse. Er plante dort eine neue Operette mit Fini in der Hauptrolle herauszubringen. Bevor die »Robert-Stolz-Bühne« allerdings eröffnen konnte, waren umfangreiche Adaptierungsarbeiten und Investitionen in die bauliche Substanz des Theaters erforderlich, deren Kosten Stolz beim Kauf nicht abschätzen konnte. Um überhaupt die Spielkonzession zu erhalten, mußte er eine hohe Kaution hinterlegen und dazu noch zahlreiche Auflagen der Behörden und der Gewerkschaften erfüllen. Alles zusammen kostete ihn etwa eine Viertelmillion Schilling, seine gesamten damaligen Ersparnisse. Immerhin wurde aus dem Haus ein »anheimelndes und elegantes Theater, ein wahres Schmuckkästchen intimer Raumkunst«, wie die Zeitschrift »Komödie« anerkennend feststellte.

Die Uraufführung der Revueoperette *Das Fräulein aus 1001 Nacht* fand am 8. Oktober 1924 statt. Das Buch stammte von Bruno Hardt-Warden und Karl Farkas, die musikalische Leitung lag in den Händen von Walter Pfeffer, Regie führte Gustav Kotany, ein enger Freund des Komponisten. Die sechzehn Nummern, die Stolz für dieses Werk geschrieben hat, waren aber nicht mehr als »durchschnittliche Gelegenheitsarbeiten«, wie die »Neue Freie Presse« in ihrer Kritik anmerkte. Die Premiere geriet zu einem jener Theaterabende, an denen alles schief geht. Stolz erinnert sich an Spiegel, die nicht zerbrechen wollten und verkehrt eingelegte Projektionen, so daß ein Schiff mit dem Rumpf nach oben über den Bühnenhintergrund fuhr. (Stolz: S. 260)

Zu einem Debakel, wie in einigen Biographien zu lesen ist, wurde der *Rivieratraum*, wie das Werk im Laufe der Aufführungsserie neu betitelt wurde, aber nicht; die Produktion erlebte sogar an die hundert Vorstellungen. Doch die Kosten kamen bei weitem nicht herein. So endete jeder Tag, an dem der Vorhang aufging, mit einem finanziellen Verlust für Robert Stolz. Die damals bereits starke Inflation tat das Übrige. Die im Bühnenverein hinterlegte Kaution verfiel, und der frischgebackene Theaterdirektor blieb auf einem Berg von Schulden sitzen und mußte ein paar Monate später den Konkurs anmelden. Um das Maß voll zu machen, brannte Fini auch noch mit einem Darsteller durch.

Wie dem Stolz'schen Erinnerungsbuch zu entnehmen ist, sah die Scheidungsvereinbarung, die von Finis Rechtsanwalt ausgearbeitet wurde, enorme Unterhaltszahlungen, verbunden mit einem automatischen Pfändungsbeschluß vor. Stolz weigerte sich zunächst, dieses Dokument zu unterschreiben; Fini gab aber so rasch nicht auf. Sie ging mit ihm noch einmal ins Bett, und berauscht von diesem Liebesabenteuer unterschrieb er dann doch; seine eigene Schilderung dieser Ereignisse ist noch wesentlich drastischer. (Stolz: S. 261 f.) Dieses Blackout zog sechsundzwanzig Jahre andauernder Verfolgung durch die österreichischen Steuerbehörden nach sich und kostete ihn Millionen. Der *Rivieratraum* war für Robert Stolz zum Alptraum geworden und dauerte bis zum Tode Finis im Jahre 1956.

Die in den fünfziger Jahren entstandenen Gerüchte um einen taschengepfändeten Robert Stolz dürften also auf Tatsachen beruhen. Stolz selbst erinnert sich, daß ihm bereits 1946 bei seiner Rückkehr aus Amerika zwei Beamte der Steuerfahndung am Flughafen Tulln-Langenlebarn die Wertsachen abnahmen. 1952, als er mit diesen Unterhaltszahlungen einmal in Verzug geraten war, wurde offensichtlich sogar ein Haftbefehl gegen ihn ausgestellt, was Schlagzeilen in der gesamten Wiener Tagespresse auslöste. Nur dank des Verständnisses eines Grenzbeamten konnten sich Robert Stolz und seine Frau Einzi für ein paar Tage nach Deutschland absetzen, bis die Schuld beglichen werden konnte.

»Ich hab' mich tausendmal verliebt …«

Ein »Privatteufel« als Lebensbegleiter

Robert Stolz hat sein Leben lang unter Angstzuständen und Depressionen gelitten. Diese Tatsache wird fast von sämtlichen Biographen nur in Nebenbemerkungen erwähnt. Er selbst berichtet in seinen Erinnerungen in bemerkenswerter Offenheit darüber und führte diese Krankheit, die er seinen »Privatteufel« nannte, auf eine Gehirnhautentzündung zurück, an der er als Kleinkind fast gestorben wäre:

Es gibt gewisse tropische Fieberkrankheiten, die man nicht mehr loswird; sie schlafen im Blut. Das heißt: meistens schlafen sie, aber manchmal erwachen sie zu tobender Heftigkeit, Jahre nachdem man sich angesteckt hat. So geht es mir mit meinen Angstanfällen, meinem heimlichen Teufel. Plötzlich, ohne besonderen Grund – allerdings scheinen Übermüdung und Streß es zu fördern – bekomme ich ein unbegreifliches, totales Angstgefühl, so als ob die Welt mich verschlingen wollte. Es ist, als packe ein unsichtbares Ungeheuer mich an der Kehle, um mich zu erwürgen. Sogar jetzt, während ich hier in Grinzing in meinem hell beleuchteten Arbeitszimmer sitze und in den schönen Frühlingstag hinausblicke, lauft mir, während ich versuche, diese Angst zu beschreiben, ein kalter Schauer über den Rücken. (Stolz: S. 54)

Stolz war deswegen zeitlebens bei verschiedenen Ärzten in Behandlung, darunter auch beim damals bekannten Professor Polterauer in Wien, aber ohne Erfolg. Einer der wenigen Menschen, denen sich Stolz mit diesem Problem anvertraute, war Peter Altenberg. Der geniale Feuilletonist und Dichter, der selbst Erfahrungen mit Nervenheilanstalten machen mußte, sagte ihm unverblümt, daß es dafür keinen wirklichen Ausweg gäbe. Die beste Medizin, so die Ansicht seines Freundes, seien die Musik und ein glückliches, erfülltes Leben: »Du wirst nie einen dieser Anfälle haben, während du komponierst, dirigierst, oder eine Frau in den Armen hältst.« (Stolz: S. 55)

Stolz erinnert sich, daß die Anfälle bei ihm zum ersten Mal im Alter von acht Jahren aufgetreten sind. Er fand sich eines Nachts in einem dunklen Zimmer der elterlichen Wohnung wieder, fast sterbend vor Angst und unfähig, sich zu bewegen. Es dauerte eine Ewigkeit, bis er sich zum Klavier schleppen und wie in Trance eine kleine Melodie spielen konnte. Diese paar Takte hat Stolz nie aufgeschrieben, sie aber immer vor dem Verlassen seiner Wohnung und bei seiner Rückkehr für sich gespielt. Das Geheimnis dieser Melodie hat er mit ins Grab genommen. (Stolz: S. 56)

Die Angstzustände waren unkontrollierbar, dürften aber in existenzbedrohenden Situationen regelmäßig aufgetreten sein. Wie Stolz selbst sich erinnert, waren sie in der schwierigen Phase nach dem katastrophalen Scheitern seiner dritten Ehe besonders stark, aber auch im Exil in Paris und New York. Aber auch in seinen späten Jahren rannte er nachts manchmal schreiend vor Todesfurcht durch das Haus, wie seine Witwe Einzi in einem Interview nach seinem Ableben bestätigte.

Besonders schlimm war es, wenn er aufgrund äußerer Umstände nicht arbeiten konnte. Denn Robert Stolz komponierte nicht nur für seinen Lebensunterhalt, das Schreiben von Musik war ihm auch Lebensinhalt und gleichzeitig Lebenselixier. Er konnte buchstäblich nur existieren, wenn er arbeitete. Seine Witwe Einzi bekennt, daß sie ihm aus diesem Grund Aufträge verschafft habe, wann immer sie konnte, was mit zunehmendem Alter schwieriger wurde. In den ersten Monaten im amerikanischen Exil waren es sogar imaginäre Aufträge, die Einzi aus eigener Tasche bezahlte, um sein Selbstvertrauen zu stärken, wie Stolz in seinen Erinnerungen dankbar vermerkt. (Stolz: S. 373)

»Ich hab' mich tausendmal verliebt ...«

Die Folge dieser psychischen Erkrankung war vor allem die Angst vor der Einsamkeit. Robert Stolz konnte das Alleinsein nicht ertragen. Er berichtet in seinen Erinnerungen davon, daß er einmal einem Portier eines Berliner Hotels fünf Mark nur dafür bezahlt hätte, damit dieser im Nebenzimmer übernachtete. Auch seinen Aufbruch ins Exil schaffte er nicht ohne einen Freund an seiner Seite. Es war der Komiker Gustav Kotany, der Regisseur des verunglückten *Rivieratraums*, der Stolz nach Amerika begleitete.

Selbst im Alter und in seiner privaten Umgebung konnte man den Herrn Professor nicht allein lassen, wie sich sein ehemaliger Sekretär Gerhard Menhard erinnert. Und das Fenster seines Arbeitszimmers mußte immer offen stehen, auch im Winter bei tiefen Außentemperaturen. Denn Robert Stolz litt auch an Klaustrophobie und konnte geschlossene Räume und die Anwesenheit vieler Menschen nicht ertragen, wie Einzi Stolz in einem Interview anläßlich ihres neunzigsten Geburtstages der Gesellschaftsreporterin Ro Raftl gestand: »Mitten in wichtigen Gesprächen mit wichtigen Leuten hat er plötzlich Hut und Mantel genommen und ist auf und davon. Partys waren ihm überhaupt ein Graus«.

Seine starke Hingezogenheit zum weiblichen Geschlecht war wahrscheinlich gleichfalls auf diese Angstzustände zurückführen. Stolz muß in seinem langen Leben neben seinen ersten vier Ehen zahllose Affären gehabt haben, über die er in seinen Erinnerungen auch freimütig berichtete. *Ich hab' mich tausendmal verliebt, immer in eine* – er schien diesen Text eines seiner bekanntesten Lieder wörtlich genommen zu haben. Es war immer der gleiche Frauentyp, zu dem er sich unwiderstehlich hingezogen fühlte: klein, blond und kokett, mit langen Beinen und guter Figur. In der Zeit zwischen seiner dritten und vierten Ehe war er sogar einmal in zwei Damen gleichzeitig verliebt. Dieses Dilemma, dazu noch die Angstzustände und der Druck, eine Entscheidung zwischen den beiden Frauen treffen zu müssen, brachten ihn an den Rand eines Nervenzusammenbruchs. In dieser Situation fragte Stolz sogar Sigmund Freud um Rat. Freud riet ihm zu einem dreiwöchigen Sanatoriumsaufenthalt ohne weibliche Begleitung, da er zu Recht vermutete, daß sich dann das Problem durch die erzwungene Distanz von selbst lösen würde. (Stolz: S. 323)

Die unstete Partnersuche beruhigte sich erst mit seiner fünften und letzten Ehe mit Einzi, die ihn, wie er selbst zugegeben hat, interessanterweise an seine Mutter erinnerte. Den Frauenhelden konnte Robert Stolz aber auch dann nicht ablegen. »Wenn er flirten konnte, war für ihn die Welt in Ordnung«, gestand Einzi Stolz 1980 der Illustrierten »Quick«: »Seine größten Erfolge sind entstanden, wenn er mit einer neuen Frau zusammen war. ... Und ich? Ich habe weggeschaut. So eine Affäre hat mich nicht ärmer gemacht und ihn glücklich. Man muß ein Auge zudrücken, wenn man mit einem Genie verheiratet ist«.

Aus seinen Lebenerinnerungen spricht auch das anhaltende Bedürfnis, alle Menschen seines privaten und beruflichen Umfelds seine Freunde nennen zu müssen, so etwa den Dirigenten Arturo Toscanini und den Opernkomponisten

Giacomo Puccini. Puccinis Bekanntschaft hat Robert Stolz 1920, anläßlich der Wiener Aufführung der Oper *Das Mädchen aus dem Goldenen Westen* mit Maria Jeritza und Alfred Piccaver gemacht und ihn dann in dessen Todesjahr 1924 noch einmal in Italien getroffen. Stolz selbst bemerkt dazu:

»Ich hab' mich tausendmal verliebt …«

Ist es zuviel gesagt, wenn ich Puccini einen Freund nenne? Die Zeit, die wir zusammen verbrachten, kann man weder nach Monaten noch nach Jahren zählen, allenfalls nach den Stunden einiger weniger Tage. Manchmal jedoch gründet sich Freundschaft mehr auf Zuneigung denn auf Zeit – als gefühlsmäßiges Bindeglied, das zwei Menschen vereint. Ich glaube, daß eine solche Bindung zwischen Puccini und mir existierte; wir waren verwandte Seelen, uns vereinte die Liebe zum Beruf, die gleiche Einstellung zur Musik (wir beide waren »besessene Melodiker«) und der Wunsch, dem Leben auch die schönsten Seiten abzugewinnen. (Stolz: S. 256)

Auch seine Beziehung zu Arturo Toscanini schätzte Robert Stolz als Freundschaft ein. Der große italienische Dirigent habe ihn angeblich dazu angeregt, sein *Ave Maria* zu schreiben, das nach Stolz' eigenen Abgaben im Petersdom in Rom aufgeführt worden sein soll. Einen Beleg dafür gibt es allerdings nicht. Während eines gemeinsamen Abendessens in Wien habe Toscanini die Partitur studiert und dann mit einer seiner impulsiven Gesten das Wort »superb« quer über das Manuskript geschrieben. In den aktuellen Biographien dieser beiden Künstler wird eine Begegnung oder gar Freundschaft mit Robert Stolz aber nicht erwähnt.

Auch den Tenor Richard Tauber zählte Stolz zu seinen Freunden, obwohl die beiden vermutlich nicht mehr als eine kollegiale Arbeitsbeziehung verband. Tauber hielt Robert Stolz aber immerhin für den größten Melodiker der Operette neben Franz Lehár und sang zahlreiche seiner Schöpfungen, darunter *Servus Du*, *Adieu mein kleiner Gardeoffizier* sowie aus dem 1931 entstandenen Film *Liebeskommando* die zwei Schlager *Im Traum hast du mir alles erlaubt* und *Ich möcht' einmal wieder verliebt sein*. Das 1925 komponierte und »dem unübertrefflichen Künstler« in Verehrung gewidmete Lied *Süß ist dein Mund* ist allerdings auf Tonträger nicht erhalten.

Robert Stolz war als Person ein »Kavalier alter Schule«, höflich und charmant, manchmal aber auch etwas naiv und leichtgläubig, besonders in finanziellen Angelegenheiten. Auf der einen Seite war er für seine fast sprichwörtliche Generosität bekannt. Ein Biograph berichtet, daß Stolz seinen Freunden immer Geld borgte und im Café Dobner fast regelmäßig für alle, die sich nachmittags und abends an seinen Tisch setzten, die Zeche bezahlte. (Holm: S. 175 ff.) Diese Angewohnheit erstreckte sich mit den Jahren auch auf wildfremde Personen und wurde natürlich weidlich ausgenützt. »Er hat aus Gutmütigkeit Vermögen verschenkt,« erinnert sich seine Witwe. »Für die großen Erfolge, die er geschrieben hat, kassierten andere. Robert war manchmal sehr weltfremd«.

Die oftmaligen Geldnöte des Komponisten hatten aber auch einen anderen, sehr handfesten Grund. Robert Stolz war ein Glücksspieler, der die Tantiemen aus vielen seiner besten Werke am Roulettetisch verlor. Die Spielsucht hat ihn sein ganzes Leben nicht losgelassen. So schrieb der bereits Achtzigjährige am 8. März 1962 aus Cannes an seine Gattin:

Leider – leider wie auch die letzten Jahre packte mich wieder der verfluchte »Spielteufel«! Gott sei Dank kommt dies nur einmal im Jahr vor – wo ich nicht anders kann! … Du hast mir immer verziehen und bin ich sicher, Du wirst mir auch diesmal verzeihen! Da ich immer gewohnt bin, Schulden zu bezahlen – mußte ich auch dieses Jahr die kommende Eisrevue 62/63 samt allen Rechten verkaufen. Ich weiß, es ist ein großes Unrecht – aber nun ist's ja vorbei – ich kann es nicht ändern! Solange ich in einer Stadt bin, wo es kein Casino gibt – denke ich nicht an's Spielen – aber eine magische Kraft zieht mich leider Gottes dann immer hin. Stolz: S. 436)

»Ich hab' mich tausendmal verliebt ...«

Lilli

Nach der Kurzzeit-Ehe mit Josefine Zernitz und dem damit zusammenhängenden Bankrott der »Robert-Stolz-Bühne« war Stolz gezwungen, sich nach neuen Ufern umzusehen. Er orientierte sich für kurze Zeit nach Italien, wo er hoffte, aufgrund der Popularität einiger seiner Werke Fuß fassen zu können. Er schrieb einige italienische Lieder, konnte auch ein paar davon im Mailänder Verlag Sonzogno und bei Ricordi unterbringen, aber die Resonanz war zu gering. Das Scheitern des *Due baci*-Projekts hing ihm noch nach. So entschloß er sich, nach Berlin zu gehen. Da ihm die Gläubiger im Nacken saßen, erfolgte seine Abreise aus Wien diskret. Eines Abends stieg er am Franz-Josephs-Bahnhof in den Zug nach Berlin, ohne Gepäck, nur mit ein paar Bleistiften und Notenpapier.

In Berlin führte Robert Stolz einige Jahre ein unstetes Leben als Single. Beruflich war er bald wieder erfolgreich, doch ohne feste private Bindung. In den Sommermonaten hielt er sich meist in Abbazia auf, einem Ort, den er besonders liebte. Im Juli 1926, Stolz war gerade mit der Fertigstellung seiner neuen Operette *Mitternachtswalzer* beschäftigt, lernte er dort Lilli Karner kennen, die Frau eines rumänischen Ingenieurs aus Temesvar. Sie war ihm aufgefallen, weil sie immer beim Betreten der Hotelbar beim Pianisten den damals sehr populären Stolz-Schlager *Komm in den Park von Sanssouci* bestellte. Der Versuchung, sich dieser Dame als Komponist ihres Lieblingsliedes vorzustellen, konnte er natürlich nicht widerstehen. Die beiden verabredeten sich zu einem heimlichen Rendezvous, und im Park des Hotels von Abbazia kam es bereits am ersten Abend zu einer intimen Begegnung. (Stolz: S. 286)

Was Stolz mehr als eine Ferienbekanntschaft abtun wollte, fand dann aber bald eine Fortsetzung. Lilli reiste ihm nach Wien nach und wich nicht mehr von seiner Seite. Sie ließ sich von ihrem rumänischen Gatten scheiden, und die beiden heirateten wenig später.

Diese vierte Ehe von Robert Stolz sollte immerhin vierzehn Jahre halten. Die Voraussetzungen dafür waren auch besser. Lilli stammte aus einer wohlhabenden Familie, war also nicht hinter dem Geld des Komponisten her. Zudem wollte sie nicht zur Bühne. Sie genoß das abwechslungsreiche Leben als Frau an der Seite eines bekannten Künstlers, die öffentliche Aufmerksamkeit und den Glamour der Premieren. Die Ehe mit Lilli verlief harmonisch und hätte in anderen Zeiten vielleicht sogar noch länger gehalten. Erst die politischen Umstände, die Stolz 1938 in die Emigration nach Paris zwangen, erwiesen sich als Belastung auch für diese Verbindung.

In Paris hatte das Ehepaar Stolz anfangs weniger unter einer materiellen Notlage zu leiden als an den bedrückenden Umständen. Es war die psychologische Situation, die das Leben im Exil problematisch machte. Denn die Emigrantenszene war von Hoffnungslosigkeit gekennzeichnet. Viele der Neuankömmlinge warteten auf Arbeit, die es nicht gab, oder auf eine Gelegenheit, nach Amerika weiterzukommen. Diese

Atmosphäre wirkte ansteckend und machte Lilli zunehmend nervös und gereizt.

»Ich hab' mich tausendmal verliebt ...«

Im Vergleich zu vielen anderen Emigranten war Stolz materiell in einer relativ guten Situation. Er hatte noch ein beachtliches Guthaben auf einer englischen Bank liegen und eine wertvolle Juwelenkollektion aus Wien nach Paris gerettet. Während viele seiner Kollegen auf Arbeit warteten, hatte er zudem das Glück, mit Kompositionsaufträgen für Pariser Theater seinen Lebensunterhalt verdienen zu können. Ein glücklicher Umstand für Stolz war auch, daß Stars wie Maurice Chevalier und die Mistinguette als Interpreten seiner Lieder und Chansons auftraten und ihm damit zumindest einen gewissen Bekanntheitsgrad verschafften.

Alles änderte sich schlagartig mit dem Kriegsausbruch am 1. September 1939. Alle Theaterarbeit wurde gestoppt. Die Premiere von *La montagne bleue* mußte abgesagt werden, das Werk blieb ein Fragment. Die erzwungene Arbeitslosigkeit wirkte sich auf die psychische Verfassung von Stolz aus. Die Angstzustände und Depressionen kamen wieder und nahmen von Tag zu Tag zu. Zudem galt Robert Stolz jetzt auf einmal als »feindlicher Ausländer«. In einem Brief vom 24. September 1939 an seinen Berliner Freund, den Kapellmeister Paul Hühn, schilderte Stolz seine Situation:

Du ahnst ja gar nicht, wie entsetzlich verlassen wir sind. Alle französischen Freunde und ebenso meine intimsten Mitarbeiter ... wenden sich seit der Kriegserklärung geradezu entsetzlich herzlos von uns ab ... Und diese Situation muß ich erleben, wo die ganze Welt weiß, daß ich alles in meiner Heimat geopfert habe, nur um nicht im Lande dieses Mörders Hitler leben zu müssen! Ich begreife ja vollkommen den furchtbaren Haß der Franzosen – aber ich, gerade ich habe ihn nie verdient!! (Stolz: S. 343)

Die französischen Behörden begannen jetzt damit, deutsche und österreichische Staatsangehörige zu internieren, ungeachtet dessen, ob diese als Hitlergegner galten oder nicht. »les Autrichiens«, von den Franzosen scherzhaft auch »Les autres chiens« genannt, wurden pauschal als Sicherheitsrisiko betrachtet. Stolz mußte jetzt jeden Tag damit rechnen, auch abgeholt zu werden. Lilli hielt diese Situation nervlich nicht durch und verließ ihn mit einem Bekannten, der sich später als Hochstapler entpuppte. Damit noch nicht genug: Sie nahm auch alles Bargeld, die Juwelenkollektion und sämtliche Papiere mit.

Yvonne Louise – »Einzi«

In dieser prekären Situation begegnete Robert Stolz zum ersten Mal jener Person, die für ihn im wahrsten Sinn des Wortes zum Lebensretter wird: Yvonne Louise Ulrich. Über ihre Herkunft ist bis heute wenig bekannt. Die fünfte Frau von Robert Stolz hat Angaben über ihre Person immer mit dem Argument verweigert, nicht ihr Leben, sondern allein das von Robert Stolz sei für die Öffentlichkeit interessant. Einigen Quellen nach war ihre Familie in der französischen Schweiz ansässig, es gibt aber auch Hinweise auf eine polnische Abstammung und darauf, daß fast alle ihre Angehörigen von den Nazis ausgerottet wurden. (Stolz: S. 421) In einem Interview mit der »Kronen Zeitung« am 22. April 2002 gab Frau Stolz erstmals an, daß sie am 1. Mai 1912 in Warschau geboren wurde, wo ihr Vater als Schriftsteller und Philosoph tätig gewesen sein soll.

Zur Zeit ihrer ersten Begegnung mit Robert Stolz war sie in England mit einem sehr wohlhabenden Kaufmann mit Namen Ulrich verheiratet, mit dem sie auch eine Tochter

Clarissa hatte, die zu diesem Zeitpunkt etwa ein Jahr alt gewesen sein muß. Yvonne Louise studierte Jus an der Sorbonne und soll Franz Hertel zufolge sogar das Doktorat erworben haben. (Hertel: S. 15) Als die damals Siebenundzwanzigjährige erstmals in den Pariser Emigrantenkreisen auftauchte, erregte sie große Aufmerksamkeit. Denn sie verfügte über zwei Eigenschaften, welche für die heimatlosen Künstler ungeheuer bedeutsam waren: Geld und Beziehungen. Ihr erster Mann hatte ihr angeblich für ihren Pariser Studienaufenthalt ein Konto mit einer Million Francs eingerichtet.

»Ich hab' mich tausendmal verliebt …«

Von Paul Abraham erfuhr Stolz, daß die junge Frau von allen nur »Einzi« genannt wurde, weil sie die einzige war, die in Not geratenen Künstlern helfen konnte. Stolz selbst schildert seinen ersten Eindruck von Einzi, die ihm in einem Pariser Café begegnete:

Es gibt Menschen, die allein durch die Kraft ihrer Persönlichkeit – heutzutage nennt man das Charisma – Aufmerksamkeit auf sich ziehen. Ein solcher Mensch ist Einzi. Wenn man einen Raum voller Unbekannter beträte, so zöge einen sofort diese kleine fröhliche Frau voll ansteckender Tatkraft wie ein Magnet an. Irgend etwas Unwiderstehliches strahlt aus ihren freundlichen braunen Augen, und ihr Lächeln ist ebenso mütterlich wie hinreißend weiblich. Wärme, Intelligenz und grenzenlose Energie – wie selten trifft man doch alle diese Vorzüge gebündelt in einem so kleinen, so besonderen Persönchen an! (Stolz: S. 350)

Stolz, der nicht Englisch konnte, ersuchte Einzi, mit seiner Bank in London Kontakt aufzunehmen, damit er sich etwas Geld überweisen lassen könne. Er merkte nicht, daß sich die junge Frau sich bereits in ihn verliebt hatte. Er war zu der

Zeit mit einem deutschen Mädchen namens Maria liiert und von ihr sexuell abhängig, wie er selbst zugab. Wie Stolz später erfahren haben will, soll Maria eine Gestapo-Agentin gewesen sein, die den Auftrag hatte, ihn dazu zu bewegen, nach Deutschland zurückzukehren. (Stolz: S. 359) Die Nachricht, die ihm Einzi aus London brachte, war ein weiterer herber Schlag: Seine Frau Lilli hat das gesamte Geld auf dem gemeinsamen Konto bereits abgehoben.

Am 30. November 1939 wird Robert Stolz ohne Papiere in Paris aufgegriffen und als feindlicher Ausländer in das Internierungslager Les Colombes gebracht. Dort bekommt er eine Lungenentzündung und wäre daran vielleicht gestorben, wenn es Einzi nicht gelungen wäre, ihn durch Bestechung eines Beamten mit zwanzigtausend Francs nach drei Tagen aus dem Lager herauszubringen.

Während er sich durch Einzis Pflege langsam erholt, wird Robert Stolz sich seiner ausweglosen Situation voll bewußt. Auch um von Maria loszukommen, die nach wie vor seine Sinne fesselt, beschließt er jetzt, es doch zu riskieren, nach Amerika zu gehen. Einzi besorgt ihm die Reisepapiere, zahlt ihm die Überfahrt und stellt auch einen Kontakt nach Hollywood her, wo eine amerikanische Version der *Frühjahrsparade* gedreht werden soll.

Unklar bleibt in diesem Zusammenhang, wer für Robert Stolz die Bürgschaft in Amerika übernommen hat. Ohne ein solches »Affidavit«, mit dem ein amerikanischer Staatsbürger für den Immiganten mit seinem persönlichen Vermögen haftete, war eine Einreise in die USA in diesen Zeiten unmöglich. In den Stolz'schen Erinnerungen ist darüber nichts zu finden, bis auf eine Anmerkung, wonach Einzi wegen der Übernahme einer Bürgschaft mit dem Filmproduzenten Joe Pasternak und dem Verleger Louis Bernstein korrespondiert haben soll. (Stolz: S. 352) Das einzige diesbezügliche Dokument, das Stolz in Händen hatte, war ein Telegramm von Universal-Pictures, in dem ein Kompositionsauftrag für *Spring Parade* bestätigt wurde. Es gibt aber Indizien dafür, daß gute Freunde der Familie Einzis diese Bürgschaft übernommen haben und Stolz auf diese Weise sogar die provisorische Internierung auf Ellis-Island erspart wurde, eine Prozedur, die sonst jeder Einwanderer über sich ergehen lassen mußte.

»Ich hab' mich tausendmal verliebt …«

Stolz und Einzi verabschiedeten sich noch in Paris voneinander, ohne Aussicht auf ein Wiedersehen. Einzi kehrte nach London zu ihrer Familie zurück. Robert Stolz machte sich auf den Weg nach Genua und ging dort an Bord der SS Washington, die Ende März 1940 mit dem Ziel New York in See stach.

In seinen Erinnerungen berichtet er, daß es ihm noch in Genua bewußt wurde, daß es ein großer Fehler gewesen sei, die junge Frau so einfach ziehen zu lassen:

Je weiter ich mich von Paris entfernte, desto stärker vermißte ich Einzi! Als sie in meiner Nähe gewesen war, hatte ich ihre Gegenwart, ihre moralische Unterstützung und ihre warme herzensgute Seele als eine Selbstverständlichkeit angesehen – und wie selbstverständlich hatte sie mir dies alles gegeben, ohne Fragen zu stellen, mit unendlicher Güte! Niemals hatte ich mir bewußt gemacht, welch ein Schatz sie wirklich war und wie sehr ich ihrer bedurfte.

Jetzt bemerke ich, daß dieses selbstlose Mädchen, welches mir vom Schicksal gesandt worden war, gleichzeitig die einzige Frau auf Erden war, die meinem Leben auch weiterhin würde Sinn geben können. Zu spät dämmerte es mir, daß, zumindest für mich, Einzi tatsächlich die »Einzige« war! Aber nach der Art und Weise, wie ich sie behandelt hatte, war ich nun überzeugt, daß ich keine Chancen mehr besaß. Und dennoch glaubte ich, es ihr und mir schuldig zu sein, sie über den wahren Zustand meiner Gefühle in Kenntnis zu setzen.

Kaum hatte ich Genua erreicht, nahm ich allen meinen Mut zusammen und schickte ein Telegramm nach London. »Ich kann ohne Dich nicht leben«, schrieb ich, »Ich war ein blinder, selbstsüchtiger Narr. Ich liebe Dich. Erst jetzt haben sich meine Augen geöffnet! Bitte, Liebste, Einzige, verzeih mir!« (Stolz: S. 364)

Schon bei seiner Ankunft in New York gab es ein unerwartetes Wiedersehen. Einzi hatte das Telegramm erhalten, war mit dem nächsten Schiff von England aus nach New York gefahren und aufgrund der günstigeren Route früher als Stolz angekommen.

Was die attraktive junge Yvonne tatsächlich dazu veranlaßt hatte, sich in einen alten – Stolz war bereits sechzig –, glatzköpfigen und damals vollkommen mittellosen Menschen zu verlieben, ist dem Komponisten selbst nie ganz klar geworden. Seine Erinnerungen geben darüber nicht wirklich Auskunft. Ein Schlüssel dazu liegt vielleicht in dem Bild, das Einzi bereits nach dem Tod ihres Gatten von Robert Stolz zeichnete:

Für mich war und ist Robert Stolz meine große Liebe. Er war ein wunderbarer Mann, ein großer Künstler und ein zärtlicher rücksichtsvoller Lebenskamerad, dessen wesentlicher Charakterzug die Menschenliebe war. … Robert am Klavier oder am Dirigentenpult, das war plötzlich ein ganz anderer. Hier begegnete man einem Besessenen, der sein ganzes Leben, Denken und Fühlen, seine Zeit, Kraft und Energie bis zur Erschöpfung der Musik widmete. Diese absolute Hingabe hatte ihm vollste Konzentration abverlangt, so daß er in praktischen Dingen beinahe hilflos war. Ein großes Kind, das mit den alltäglichen Kleinigkeiten nicht fertig werden konnte. (Stolz: S. 487)

»Ich hab' mich tausendmal verliebt ...«

Einzi konnte ihre Energie, ihr Organisationstalent und ihre Managementfähigkeiten jetzt konzentriert für einen Menschen einsetzen, der genau diese Eigenschaften nicht besaß. Damit schaffte sie es, einem Künstler, dessen Musik sie von Jugend an geliebt hatte, jenen Freiraum zu geben, den er brauchte, um sein Talent entfalten zu können. Die beiden ergänzten einander nicht nur in beruflicher Hinsicht zu einem Team, sondern auch in psychologischer. Der Komponist hatte einen Menschen gefunden, der ihm half, »aus seinen Lebenstrümmern ein neues Leben aufzubauen« und der ihm emotionale Sicherheit und Geborgenheit vermitteln konnte. (Stolz: S. 421) Und Einzi hatte einen Partner gefunden, bei dem sie ihre Fähigkeiten sinnvoll einsetzen konnte. Anläßlich ihres neunzigsten Geburtstags charakterisierte sie ihre Beziehung zu Robert Stolz in einem Gespräch mit Ro Raftl folgendermaßen: »Bei uns war es eine old fashioned Liebe. Kameradschaft. Respekt. Und Dankbarkeit. Nicht nur, weil ich ihn gerettet hab, sondern weil ich war wie ich war. Er wollte arbeiten, ich hab' mit ihm gearbeitet. Wir sind um halb sechs aufgestanden, und wenn's ging, um zehn Uhr wieder schlafen gegangen«.

Ohne Einzi hätte Robert Stolz das Leben im amerikanischen Exil wohl kaum bewältigen können. Zu fremd waren ihm die Mentalität der Amerikaner und ihr »Way of Life«. Was Robert Stolz in der ersten Zeit vor allem zu schaffen machte, war die Mischung von Anerkennung und Erfolglosigkeit. Einige seiner Melodien waren durch den ernormen Erfolg des Filmes *Zwei Herzen im Dreivierteltakt*, der über fünfzig Wochen am Broadway gelaufen war, durchaus populär, aber niemand kannte den Komponisten.

Stolz versuchte also, ins Geschäft kommen, was sich auf dem Markt der »kleinen Rechte«, für den Stolz hauptsächlich schrieb, als schwierig erwies. Noch dazu konnte Stolz kein Englisch und war offensichtlich auch in späteren Jahren nicht in der Lage, sich diese Sprache wirklich anzueignen. Marcel Prawy erinnert sich, daß Stolz einmal den New Yorker Philharmonikern folgende Anweisung gegeben haben soll: »You this spiel muß like Schubert!« (Prawy: S. 199)

Um in Amerika Fuß fassen zu können, war er also in jeder Hinsicht auf Einzi angewiesen. Mit ihrer Hilfe konnte er einige seiner neuen Kompositionen bei amerikanischen Musikverlagen wie G. Schirmer und Boosey & Hawkes unterbringen. Einzi war es auch, die ihm noch von Europa aus erste Kontakte nach Hollywood geschaffen hatte und die den Musikmanager Hearst in das erste Konzert eingeladen, die geschäftlichen Dinge in die Hand genommen und damit die Grundlage zum Erfolg gelegt hatte.

Doch zunächst waren ihre Fähigkeiten im Scheidungsmanagement gefordert. Denn beide waren ja noch verheiratet. Einzis erster Ehemann legte einer Scheidung nichts in den Weg und schickte die jetzt eineinhalbjährige Clarissa zu ihrer Mutter nach New York, um sie vor den Bombenangriffen auf die britische Hauptstadt zu schützen.

Schwieriger wurde es mit der Scheidung von Robert Stolz. Aus heiterem Himmel bekam er noch im Frühjahr 1940 die Nachricht, daß Lilli auf Ellis Island einsitze und von ihm verlange, daß er sie als seine rechtmäßige Gattin anerkenne, da ihr sonst die Ausweisung drohe. Nach einigem Zögern und auf Zureden von Einzi entschloß sich Stolz zu diesem Schritt und war sofort wieder finanziellen Forderungen ausgesetzt. Denn Lilli hatte das gesamte Geld zusammen mit ihrem Hochstapler-Freund durchgebracht und stand jetzt praktisch mittellos da. Wie sich Stolz erinnerte, wollte sie vor allem, daß er ihr die gemeinsame Wohnung in Wien überschreibt. Als sich Stolz weigerte, versuchte sie ihn zu erpressen. Das damals in den USA geltende »Moral Turpitude Law«, das ein Zusammenleben von nicht verheirateten Partnern unter Strafe stellte, gab ihr eine Handhabe dazu. Doch diesmal klappte die Erpressung nicht. Die politischen Beziehungen der beiden reichten aus, um Lilli selbst unter Druck zu setzen. Sie mußte schließlich einer Scheidung zustimmen, ohne ihre Forderung nach der Wiener Wohnung aufrecht erhalten zu können. Damit war der Weg für Einzi und Robert Stolz frei, auch rechtmäßig ein Paar zu werden. Sie heirateten am 15. Juni 1946 in Reno. Diese fünfte Ehe des Komponisten war in gewissem Sinne seine erste und einzige, und sie sollte noch neununddreißig Jahre lang, bis zu seinem Tode, halten.

»Ich hab' mich tausendmal verliebt ...«

Das Ehepaar Stolz konnte sich in Amerika bald relativ gut etablieren. Man bezog ein kleines Appartement in Manhattan 50, Central Park West, demselben Haus, in dem auch Emmerich Kálmán wohnte. Es war ein musikalisches Domizil, selbst die Hausbesitzerin hieß Mrs. Rossini. Berufliche Erfolge ergänzten das private Glück, und doch schien Robert Stolz etwas zu fehlen. Er hatte Sehnsucht nach der Heimat, nach Wien und der alten Umgebung, und er drängte seine neue Gattin zur Rückkehr nach Wien. Dieser Entschluß war gegen jede Vernunft, denn die Bilder, die man in den Vereinigten Staaten von der Lage in Europa und besonders von Wien sehen konnte, zeigten das ganze Ausmaß der Katastrophe: Wien war ein Trümmerhaufen, jedes fünfte Haus zerstört, das wirtschaftliche Elend unbeschreiblich, die meisten Menschen lebten am Existenzminimum. Strom und Kohle waren fast nicht vorhanden, die Säuglingssterblichkeit lag bei zwanzig Prozent, die Menschen hungerten, viele verhungerten. Die tägliche Lebensmittelration betrug anfangs nicht mehr als achthundert Kalorien. Aber Stolz war fest entschlossen, seine Sicherheit, seine neue Karriere und seinen mittlerweile wieder bescheidenen Wohlstand aufzugeben. Er mußte zurück nach Wien, weil er am kulturellen Wiederaufbau seiner Heimat unbedingt von Beginn an mitarbeiten wollte.

Der erste Wiener Kulturstadtrat Viktor Matejka hatte bereits unmittelbar nach Ende des Krieges versucht, die prominenten Emigranten zur Heimkehr zu bewegen. Am 25. Juli 1945 bezeichnete er in einem vielbeachteten Vortrag »einen Neubau und eine Weiterentwicklung des kulturellen Lebens« als eine vordringliche Aufgabe: »Der österreichische Staat muß nun trachten, ein universaler Kulturstaat zu werden, den die Welt in die Kulturgemeinschaft der Nationen freudig aufnimmt.« (Denscher: S. 142)

Es gab auch private Aktivitäten mit demselben Ziel. So veröffentlichte der Filmproduzent Willi Forst gleichfalls 1945 in der Zeitschrift »Film« einen offenen Brief an seine Künstlerkollegen im Exil unter dem Titel »Ich rufe nach Österreich«. Forst schrieb: »Kehrt heim nach Österreich! Helft, unsere Heimat wieder hochzubringen vor aller Welt! Wir brauchen Euch, weil wir die Welt brauchen. Euer Erfolg, Eure Namen, Eure Arbeit müssen uns instand setzen, die alten Maßstäbe wiederaufzurichten, ohne die wir die internationale Konkurrenz nicht bestehen können. Die Welt müßt Ihr uns bringen, die wir nicht vergessen haben, hinter der Mauer der Jahre, so wenig wie wir Euch vergessen haben.«

Stolz antwortete Forst:

... Erfolge allein machen nicht glücklich – und trotzdem ich hier in Amerika und auch vorher in Paris weit mehr erreicht habe als viele andere – wächst meine Sehnsucht nach meinem lieben, leider jetzt so armen Wien stündlich. Ich unter-

nehme im Herbst (beginnend) ev. schon im Spätsommer, eine große Europatournee – und da führt mich mein Weg selbstverständlich nach Wien! Wie groß meine Sehnsucht ist, wieder mir Dir einen schönen, herrlichen musikalischen Film zu machen, kann ich Dir mit Worten nicht sagen! Solltest Du also vielleicht einen für mich passenden, schönen und für Musik dankbaren Stoff im Kopf haben, so bitte, lasse es mich umgehend wissen.

Diese Antwort belegt, daß Stolz unmittelbar nach Kriegsende noch nicht die feste Absicht hatte, wieder auf Dauer nach Wien zurückzukehren. Die Überzeugung, er könne mit seiner Musik einen Beitrag zum kulturellen Wiederaufbau seiner Heimat nach Krieg, Zerstörung und Nationalsozialismus leisten, reifte erst später, als sich die Tourneepläne als ein Luftschloß erwiesen und das Heimweh überhand bekam.

Monatelang bemühte sich Robert Stolz, von den österreichischen Behörden die notwendige Einreisebewilligung zu bekommen. Er ersuchte den Wiener Bürgermeister Körner und seinen Wiener Rechtsanwalt Kurz um Intervention und verzweifelte fast an der Langsamkeit der Bürokratie. Am 9. September 1946 schrieb er seinem Freund Karl Farkas nach Wien:

Wir sind trostlos und ratlos ... Daß ich beim österreichischen Volk eine eine liebe Aufnahme finden werde, fühle ich, und ebenso bei der Presse! Daß die »Behörden« absolut nichts dazu getan haben, damit ich leichter das österreichische Visum erhalte, erstaunt mich nicht – habe nie etwas anderes erwartet – ich bin ja nur ein Österreicher und der einzige lebende international bekannte österreichische Komponist ... – aber dies scheint ja die Wiener Behörden nicht zu interessieren – auch nicht alles, was ich für das Aufleben der

Wienermusik in ganz Amerika erfolgreich geleistet habe! Wenn ich nicht der blöde sentimentale Österreicher wäre, der an seiner Heimat hängt, wäre ich viel glücklicher – denn Du weißt es ja, für mich hat Amerika ein gigantisches Feld! Mein Erfolg am 24. Aug. bei meinem Symphoniekonzert in Hollywood war geradezu unerhört! Lese bitte beiliegende Kritik u. zeige selbe den »Arschlöchern« bei euch, damit sie sehen, ich bin nicht angewiesen nach Wien zu kommen! Sollte ich am 11. Okt. nicht abfliegen können – wegen Saumseligkeit der Wiener Behörden – dann weiß ich überhaupt nicht ob u. viell. wann ich kommen könnte«.

Robert Stolz

Dritter Teil: »Eine von Deutschlands stärksten Waffen«

Musik und Politik

Wie viele Künstler vor und nach ihm war auch Robert Stolz ein unpolitischer Mensch. Er vertrat immer die Auffassung, daß die Kunst, besonders die Musik, mit der Politik am besten nicht in Berührung kommen sollte. Auch hatte er erkannt, daß Künstler oft entweder naiv, schamlos oder opportunistisch sind, wenn sie sich in politische Angelegenheiten mischen und ihre Popularität für politische Zwecke einsetzen oder mißbrauchen lassen. Daher wechselte er auch gerne das Thema, wenn in einem Gespräch Politik zur Sprache kam, wie er selbst wiederholt bekannte.

Wie viele andere hatte Stolz den Aufstieg des Nationalsozialismus in Deutschland passiv miterlebt und eine Machtergreifung nicht für möglich gehalten. Nach der Ernennung Hitlers zum Reichskanzler im Jahre 1933 war ihm aber klar, daß dieser mit seinen Ankündigungen sehr rasch ernst machen würde und daß auch die kulturellen Institutionen davon betroffen sein würden.

Wie Stolz in seinen Erinnerungen schreibt, übertrafen die 1935 erlassenen Nürnberger Rassengesetze aber seine schlimmsten Vorahnungen. Allen nicht »rassereinen« Personen war ab sofort jede künstlerische Betätigung in Deutschland verboten. Werke, an denen jüdische oder andere nicht »rassereine« Personen mitgearbeitet hatten, durften ab sofort nur dann aufgeführt, verlegt und gedruckt werden, wenn die jeweiligen Namen nirgends erwähnt wurden.

Als Folge dieser Gesetze begann eine erste Emigrationswelle von »nichtarischen« Kulturschaffenden. Viele gingen über die Schweiz direkt nach Amerika, andere zuerst von Deutschland zurück nach Österreich. So verließen etwa Thomas und Heinrich Mann, Stefan Zweig, Franz Werfel, Conrad Veit, Marlene Dietrich, Billy Wilder, Ernst Lubitsch, Otto Preminger, Fritz Lang, Erich Wolfgang Korngold, Fritz Kreisler und Bruno Walter Deutschland. Der Aderlaß war gewaltig und sollte das deutsche Kulturleben innerhalb weniger Jahre fast zum Erliegen bringen.

Die »Entjudung« der Operette

»Die Operette war eine Jüdin, und Lehár war ihr Judas, und ihre Schöpfer waren Juden«, schreibt der Richard-Tauber-Biograph Michael Jürgs. (Jürgs: S. 316) Tatsächlich war in der Unterhaltungsbranche und insbesondere bei der Operette der Anteil an jüdischen Künstlern besonders hoch. Daher kam diese Kunstform bereits in den ersten Tagen nach der nationalsozialistischen Machtergreifung ins Visier der Parteiideologen. »Juden raus« war das Motto, raus aus Berlin, aus der Kultur und vor allem aus der Operette. Den Auftakt dafür lieferte »Der Stürmer«: »Als die Juden mit Hilfe irregeleiteter marxistisch verseuchter Fabriksarbeiter nach dem Kriege zur Herrschaft gekommen, gingen sie daran, auf allen Gebieten des Lebens jüdisches und judenknechtisches Denken zu verbreiten. Insbesondere durch die Presse, durch das Theater, durch das Kino und durch den Rundfunk. Deutsche Schriftsteller, Künstler und Ansager mußten jüdischen Zoten- und Faxenmachern den Platz räumen«.

Den Nazis schien die gesamte deutsche Kultur unterwandert. Alles, was Revuen und Operetten ausgezeichnet hatte, der frivole Leichtsinn, die Lebensfreude, der Sinn für Pointen, der anzügliche Scherz und die Lust am Glamour, wurde nun ihren Schöpfern zum Verhängnis. Kálmán, Straus, Abraham, Hollaender und Gilbert, Spolianski und Korngold – alles jüdische Komponisten – weg mit ihnen. Grünwald, Herzer, Löhner-Beda, Jenbach und Léon – alles jüdische Librettisten – also weg mit ihnen. »Jüdische Musik« könne das »deutsche Wesen« nicht erfassen, und der »jüdische Tonfall« der Texte würde die auch die Qualität »deutscher« Musik negativ beeinflussen, so das Argument der Kulturkämpfer. Hans Severus Ziegler, der Kurator der Ausstellung »Entartete Musik«, verstieg sich sogar zu der These, es gäbe eine »ganz spezifisch jüdische Wortmelodie«, die sich bei der Komposition auch »als besondere Tonmelodie« widerspiegeln müsse: »Ein gemauschelter Text läßt sich nicht durch die Musik ins geliebte Deutsch übertragen. Mit dem Textdichter gleitet auch der Komponist abwärts.« (Frey: S. 306)

»Eine von Deutschlands stärksten Waffen«

Trotzdem waren die Folgen der nationalsozialistischen Kulturpolitik bei der Operette nicht sofort spürbar. Der Grund dafür waren Meinungsverschiedenheiten zwischen den Parteiideologen im Amt für Kulturpflege Alfred Rosenbergs und der nationalsozialistischen Kulturpolitik über die praktischen Auswirkungen der Rassengesetze. Denn im Gegensatz zu den Hardlinern um Rosenberg war für Goebbels die Unterhaltung der Massen von Anfang an ein wichtiges Ziel der Kulturpolitik, und dafür waren Formen der leichten Unterhaltung unverzichtbar.

Es gab zahlreiche Beispiele dafür, daß die »Entjudung« der Operette in der Theaterpraxis tatsächlich durchaus unterschiedlich gehandhabt wurde. So standen beispielsweise noch im Jahre 1935 Werke jüdischer Komponisten auf dem Spielplan des Münchner Theaters am Gärtnerplatz. Am 25. November 1936 hatte Lehárs *Der Zarewitsch* im Berliner Theater am Nollendorfplatz Premiere, und die jüdischen Librettisten Béla Jenbach und Heinz Reichert standen groß auf dem Theaterzettel, ohne daß daran jemand Anstoß nahm. Zwei Tage später besuchten sogar Hitler und Goebbels die Vorstellung, und Goebbels notierte in seinem Tagebuch: »Das Publikum ist begeistert. Das ist auch schön so. Wir alle haben viel Spaß.« (Frey: S. 316)

Tatsächlich erließ Goebbels' Ministerium für Volksaufklärung und Propaganda zunächst keine einschlägigen Richtlinien und duldete stillschweigend das bisherige Operettenrepertoire. Das brachte viele Theater in eine prekäre Situation. Symptomatisch dafür war ein Beispiel aus der Freiburger Theaterpraxis, das Stefan Frey zitiert. Dort teilte der Kreisleiter der NSDAP der Direktion eines Theaters auf eine entsprechende Anfrage mit: »Über die grundsätzliche Richtigkeit Ihrer Anschauungen gibt es keine Debatte. Operetten, deren Text von Juden stammt, müssen von der Bühne verschwinden. Nur läßt sich das zur Zeit nicht durchführen, weil nämlich dann das deutsche Theater überhaupt ohne Operetten wäre.« (Frey: S. 308)

Erst am 3. Oktober 1935 gab die Reichstheaterkammer eine zum internen Gebrauch bestimmte Liste von Stücken heraus, die in den Theatern und im Rundfunk nicht mehr gespielt werden durften. Darunter waren Werke von Abraham, Benatzky, Berté, Eysler, Gilbert und Hollaender. Benatzky wurde erst 1939 von Goebbels persönlich rehabilitiert, als sich herausstellte, daß er kein Jude war.

Besondere Unsicherheit herrschte bei Werken, die für die nationalsozialistische Kulturpolitik unverzichtbar waren, und bei Operetten »rassereiner« Komponisten, die aber jüdische Mitarbeiter hatten, wie etwa Johann Strauß, Franz Lehár oder Robert Stolz. Hier griffen die nationalsozialistischen Behörden zu handfesten Fälschungen, indem Neutextierungen und ideologische Umdeutungen vorgenommen und die Libretti von vermeintlichen oder tatsächlichen politischen Anspielungen gesäubert wurden. Davor war auch Johann Strauß nicht geschützt, dem man allerdings zubilligte, daß er bei der Wahl seiner Librettisten »die Wichtigkeit der Rassenfrage« nicht habe erkennen können. (Wulf: S. 378) Nach dem Anschluß Österreichs wurde in einer geheimen Aktion der Taufregistereintrag von Strauß gefälscht und der Walzerkönig auf diese Weise von seinem jüdischen Großvater »befreit«.

»Eine von Deutschlands stärksten Waffen«

Gegenwind für die Operette gab es auch von Richard Strauss, wenngleich nicht unbedingt aus einer antisemitischen Einstellung heraus. Strauss hatte sich bereits ab 1930 für gesetzliche Bestimmungen eingesetzt, um im Interesse einer »Hebung der deutschen Opernkultur« den »Operettenunfug« gesetzlich verbieten zu können. Nach seiner Installierung als Präsident der Reichsmusikkammer glaubte er, dieses Ziel realisieren zu können: »Ebenso habe ich schon des öfteren beim Herrn Minister darauf gedrungen, daß aus unseren subventionierten Opernhäusern, vielleicht mit Ausnahme der *Fledermaus*, die Operette gänzlich verbannt und der Privatinitiative überlassen werde.« (Frey: S. 318)

Bei Goebbels, dem die Operette kulturpolitisch wichtig war, stieß Strauss aber auf taube Ohren. Als er begann, sich besonders auf Lehár einzuschießen, trug ihm das sogar eine harte Zurechtweisung durch den Minister ein: »… Lehár hat die Massen, Sie nicht! Hören Sie endlich auf mit dem Geschwätz von der Bedeutung der ernsten Musik! Damit werden Sie sich nicht aufwerten! Die Kultur von morgen ist eine andere, als die von gestern! Sie, Herr Strauss sind von gestern!« (Frey: S. 319) Wahrscheinlich spielte bei dieser Abkanzelung Strauss' auch Hitlers bekannte private Schwäche für Lehár eine Rolle. Bekanntlich war ja *Die lustige Witwe* die Lieblingsoperette des Führers.

Als Folge dieses Schwebezustandes herrschte auch ein blühendes Denunziantentum, dem selbst rassisch »genehme« Komponisten ausgesetzt waren. Oft herrschte aber auch einfach Unwissenheit, welche Komponisten nun wirklich Juden waren und welche nicht. So galt etwa Eduard Künnecke als »jüdisch versippter« Komponist, weil ein Elternteil seiner Frau jüdischen Glaubens war, was zu einem zeitweiligen Boykott seiner Werke führte. Erst ein persönlicher Erlaß von Goebbels vom 1. Juli 1936, in dem auf eine Entscheidung Hitlers Bezug genommen wird, legte fest, »daß eine grundsätzliche Ablehnung von Werken Eduard Künneckes weder in der Person noch in dem künstlerischen Schaffen dieses deutschen Komponisten begründet ist«. (Fulfs: S. 73) Danach konnten Operetten dieses Komponisten wieder gespielt werden.

Dabei spielten auch die Rivalitäten unter den Operettenkomponisten eine gewisse Rolle. Vera Kálmán erinnert sich an die »ungeheure Konkurrenzstimmung«, die damals unter den Meistern der leichten Muse herrschte. Jeder der Großen war auf die anderen eifersüchtig und alle zusammen auf Franz Lehár, der auch schon damals als »primus inter pares« gelten konnte. Besonders Kálmán und Lehár waren einander nicht grün. Obwohl beide befreundet waren, bezeichnete Lehár seinen Landsmann einmal als »geschickten Nachempfinder«, bei dessen Musik es ihm manchmal vorkäme, »als hätte er meine Hosen angezogen«. (Linke: S. 64) Kálmáns Eifersucht auf den älteren Kollegen ging aber weiter. Seine Witwe Vera erinnerte sich beispielsweise an die Premiere von *Friederike* 1928 in Berlin. Emmerich Kálmán saß zusammen mit Alfred Grünwald im Publikum, und beide hofften gemeinsam, daß das Stück durchfallen würde. In der Pause freuten sie sich noch über einen sicheren Mißerfolg. Doch als Richard Tauber dann *Röslein auf der Heide* sang und der Jubel des Publikums nicht mehr zu bremsen war, wurden Grünwald und Kálmán immer blasser.

»Eine von Deutschlands stärksten Waffen«

Als *Giuditta* im Jahre 1934 in der Prachtbesetzung mit Richard Tauber und Jarmila Novotna an der Wiener Staatsoper uraufgeführt wurde, schäumten Kálmán, Straus und Abraham vor Wut, weil dieser Triumph Lehárs in die Zeit ihrer eigenen Krise fiel. Lehár konnte diese Konkurrenzsituation daher sehr gelassen betrachten und soll einmal auf die Frage eines Journalisten, ob er denn überhaupt Konkurrenten hätte, elegant geantwortet haben: »Das ist der Fall«.

Stolz dürfte sich aus diesen Konkurrenzkämpfen weitgehend herausgehalten haben, jedenfalls sind von ihm keine abfälligen Äußerungen über Kollegen bekannt. Seine Hauptkonkurrenten Kálmán, Straus und Fall bezeichnet er in seinen Erinnerungen zwar als »Götter auf tönernen Füßen« (Stolz: S. 178 ff.), enthielt sich aber sonst jeder negativen Charakterisierung. Benatzky erwähnt er in diesem Zusammenhang überhaupt nicht; die negativen Erfahrungen mit der Zusammenarbeit beim *Weißen Rössl* dürften ihre Spuren hinterlassen haben.

Es gibt Gründe zu der Annahme, daß auch Robert Stolz zumindest einige Zeit von manchen seiner Kollegen für einen Juden gehalten wurde. So notierte etwa Ralph Benatzky schon 1928 in seinem Tagebuch, auf die besondere Begabung der Juden für diese Kunstform eingehend: »... nicht umsonst rekrutiert sich das Hauptkontingent der ausübenden und schaffenden Künstler aus dieser Nation. Von uns Wiener Componisten,... z. B. Straus, Kálmán, Fall (Leo und Richard), Granichstaedten, Eysler, Stolz, Erwin, Krausz ... etc. ... sind nur ich und Lehár Christen, von den Librettisten kenne ich zur Zeit überhaupt keinen, der es wäre.« (Frey: S. 304)

Robert Stolz war aber nach den Nürnberger Rassengesetzen Vollarier. Ob dies amtlich bekannt war, oder ob Stolz diese Abstammung nachzuweisen hatte, kann heute nicht mehr eruiert werden. Er selbst gibt darüber keine Auskunft.

Von einem generellen Aufführungsverbot für Stolz'sche Bühnenwerke während des Nationalsozialismus, wie manchmal behauptet wird, kann daher überhaupt keine Rede sein. Zwar wurde die Deutschland-Premiere von *Venus in Seide*, die bereits 1932 in Zürich uraufgeführt worden war, am Tage nach der Generalprobe in Nürnberg verboten, weil sich herausstellte, daß die Buchautoren Grünwald und Herzer Juden waren. Aber Stolz' Werke wurden, ohne Nennung der Namen nicht genehmer Librettisten, im Dritten Reich bis in die Kriegsjahre landesweit gespielt. So gab es beispielsweise im März 1936 im Nationaltheater von Osnabrück die Uraufführung der Operette *Zum Goldenen Halbmond*. Die Hansestadt Rostock, schon seit den zwanziger Jahren ein Zentrum der Stolz-Pflege, brachte 1936 eine Neuinszenierung der *Tanzgräfin* und 1937 *Zwei Herzen im Dreivierteltakt*. Ein Jahr später war am selben Ort *Venus in Seide* zu sehen, und noch 1940, bereits mitten im Zweiten Weltkrieg, *Peppina*.

Robert Stolz wurde erst durch sein Festhalten an seinen jüdischen Librettisten für die Nazis zu einem kulturpolitischen Problemfall. Er selbst sagt dazu in seinen Erinnerungen:

... Da so viele meiner engsten Freunde und Mitarbeiter Juden waren, hatte ich von Anfang an einen geschärften Blick für das wahre Gesicht des Nationalsozialismus. Und wenn es irgend etwas gibt, das ich absolut nicht vertragen

kann, dann ist das Ungerechtigkeit. Mein ganzes Leben hatte ich Seite an Seite mit Juden verbracht und gearbeitet. Viele meiner Komponistenkollegen, Sänger und Musiker waren Juden und fast alle meiner Librettisten … Und so konnte ich, obwohl die Nazis meine Arbeit förderten und alles taten, mich auf ihre Seite zu bringen – nur einen Standpunkt vertreten: »Wer mich akzeptiert, muß auch meine Freunde akzeptieren.« (Stolz: S. 311 f.)

»Eine von Deutschlands stärksten Waffen«

Um die offiziell geltende Zensur zu umgehen, erfand Stolz Pseudonyme für seine jüdischen Autoren, vor allem für Robert Gilbert, und sorgte so dafür, daß seine Kollegen in diesen harten Zeiten wenigstens etwas für ihren Lebensunterhalt verdienen konnten. Gilbert, der eigentlich David Robert Winterfeld hieß, war der Sohn des Operettenkomponisten Jean Gilbert und, für einen Operettentexter ungewöhnlich, ein linker Intellektueller und eine echte Doppelbegabung. So stammen etwa Text und Musik des Couplets *Was kann der Sigismund dafür, daß er so schön ist* aus dem *Weißen Rössl* von Gilbert. Er hatte auch schon Erfahrung mit Pseudonymen. Unter dem Namen David Weber hatte er zusammen mit dem Schönberg-Schüler Hanns Eisler Arbeiterkampflieder und eine Oper über Arbeitslosigkeit mit dem Titel *Einhundertfünfzig Mark* geschrieben und 1929 auf dem Musikfest in Baden-Baden die experimentelle Radiokantate *Tempo der Zeit* vorgestellt. Aus seinen Tantiemeneinnahmen soll er angeblich eine Zeit lang auch die Kommunistische Partei Deutschlands finanziert haben.

Die Pseudonyme waren manchmal auch reale Personen, die Gilbert gar nicht persönlich kannte, was zu unfreiwillig komischen Begegnungen führte. Der Stolz-Biograph Gustav Holm berichtet etwa von einem Empfang, bei dem Gilbert ein ihm vollkommen unbekannter junger Mann als Autor der neuesten Stolz-Operette vorgestellt wurde, deren Text Gilbert eben selbst fertiggestellt hatte. (Holm: S. 301) Manchmal hatte die Wahl eines Tarnnamens auch einen durchaus politischen Hintergrund. So verwendete Stolz etwa mit »Bertram« für Gilbert den Namen eines bekannten Nazi-Filmregisseurs und wählte mit »Rudolph« nur einen anderen Vornamen. Hans Bertram war der Regisseur der Nazi-Propagandafilme *Feuertaufe* (1940) und *Kampfgeschwader Lützow* (1941). Daher ist auch anzunehmen, daß die Deckung der jüdischen Autoren durch Pseudonyme den Nazi-Behörden auf die Dauer nicht verborgen bleiben konnte.

Durch die immer stärker werdenden Repressalien, denen jüdische Künstler ausgesetzt waren, ging die »Entjudung« der deutschen Bühnen allerdings nach 1935 stetig voran, und dann war die Operette davon am stärksten betroffen. Eine vitale Kunstform wurde abgewürgt, nach und nach verschwand über die Hälfte des Repertoires aus den Spielplänen der deutschen Theater. Die neuen Kulturpolitiker waren sich sicher, wenn unter den Künstlern »der gute Wille vorhanden wäre, an die Stelle dieser Schlager-Kitschliteratur Gutes, Leichtes, aber Deutsches und Sauberes zu setzen«, es eigentlich gelingen müßte, die »gegenwärtig herrschende Operette zu verdrängen, die ja doch nur immer im Grunde dasselbe nach einer kläglichen Schablone bringt«. (Raabe: S. 22)

Patriotismus und Idealismus

Stolz hätte von dieser Situation profitieren können, denn viele seiner Komponistenkollegen konnten jetzt nicht mehr aufgeführt werden. Manche waren bereits verhaftet oder mußten emigrieren. Bedarf für »Leichtes und Sauberes« an den deutschen Bühnen war vorhanden, und die Nazis taten alles, um derartige Tendenzen zu fördern. Robert Stolz hätte zu einem ihrer bevorzugten Komponisten werden können, denn er war populär, produktiv und arisch. Seine Operetten wurden von der nationalsozialistischen Kritik manchmal sogar mit »lauter Freude und stürmischem Applaus« begrüßt. So schrieb der »Völkische Beobachter« beispielsweise 1936 über die Premiere von *Zum Goldenen Halbmond*: »Gerade die geschichtliche Färbung hebt die Operette über den Durchschnitt heraus. Robert Stolz schrieb eine melodienreiche, ungemein geschickt instrumentierte Musik, die in ihrer Volkstümlichkeit dem weitesten Zeitgeschmack entspricht. Das Stück fand die begeisterte Aufnahme eines überfüllten Hauses«.

»Eine von Deutschlands stärksten Waffen«

Auch die höchsten Nazi-Machthaber wußten die Arbeit von Robert Stolz durchaus zu schätzen. Anläßlich einer Filmpremiere im Berliner UFA-Palast bekam er von Hermann Göring höchstpersönlich ein Kompliment: »Herr Stolz, mir ist bekannt, daß Sie gegenüber dem Reich kein Blatt vor den Mund nehmen – aber Sie sind trotzdem eine von Deutschlands stärksten Waffen. Ich habe viele feindliche Flugzeuge während des Krieges abgeschossen – aber im Vergleich zu Ihrer Leistung ist das nichts. Ihre Musik ist mit dem deutschen Film zu einem Feldzug durch die ganze Welt angetreten – und sie war überall siegreich.« (Stolz: S. 356)

Daß sich Robert Stolz trotz dieser Avancen nicht in die Dienste der Nationalsozialisten nehmen ließ, ist ihm hoch anzurechnen. Seine kritische Einstellung gegenüber dem Dritten Reich wurde von den Machthabern zumindest eine Zeitlang geduldet, und Stolz nützte seine Bewegungsfreiheit, so gut es möglich war. Er konnte in dieser schwierigen Situation auch vielen seiner Kollegen und Freunde helfen, obwohl er damit auch ein großes persönliches Risiko einging. Nach eigenen Angaben schmuggelte Stolz auf seinen häufigen

Fahrten von Berlin nach Wien insgesamt einundzwanzigmal politisch Verfolgte, Frauen und Kinder über die Grenze nach Österreich. Sein Chauffeur hatte die Idee, auf der Motorhaube des großen schwarzen »Gräf & Stift« eine Hakenkreuzfahne anzubringen. Mit diesem Accessoire kamen sie immer unbehelligt über die Grenze: Die Wachen erkannten Stolz, baten um ein Autogramm, und winkten den Wagen mit dem berühmten Komponisten immer ohne Kontrollen durch.

Eines Abends sitzt Stolz mit seinem Freund, dem Komiker Gustav Kotany, im Burgkeller am Berliner Kurfürstendamm. Da kommt der mit ihm befreundete Geschäftsführer an seinen Tisch und flüstert verlegen: »Lieber Herr Stolz, seien Sie bitte vorsichtig! Die Herren dort an dem großen Tisch sind hohe Nazifunktionäre und haben sich bei mir darüber beschwert, daß Sie mit einem so typisch jüdisch aussehenden Menschen an einem Tisch sitzen!«
Stolz lächelt spöttisch und antwortet dem verlegenen Geschäftsführer: »Bitte sagen Sie den Herren, sie sollen meinen Freund in Ruhe lassen. Sie könnten sonst große Unannehmlichkeiten bekommen. Denn der Herr an meinem Tisch ist ein brasilianischer Diplomat!«

»Eine von Deutschlands stärksten Waffen«

Stolz berichtet in seinen Erinnerungen, daß er 1936 eine Warnung von einem Cellisten des Tonfilmorchesters Tempelhof erhalten habe, daß etwas gegen ihn im Gange sei. Ob dieser Hinweis einen konkreten Hintergrund hatte oder nur eine Befürchtung war, läßt sich heute nicht mehr mit Sicherheit sagen. Jedenfalls zog Stolz persönlich die Konsequenzen, löste seine Berliner Wohnung auf und übersiedelte 1936 wieder nach Wien.

Er mietete sich eine Wohnung in der Wiener Elisabethstraße und ließ diese von einem Architekten verschwenderisch großzügig ausstatten. In seinem neuen Wiener Domizil waren Robert Stolz und seiner Frau Lilli aber keine zwei Jahre relativer Ruhe gegönnt. Denn die Zeichen der Zeit waren unübersehbar. Wie viele war auch Stolz der Ansicht, daß das Referendum, das Kanzler Schuschnigg für den 13. März 1938 angekündigt hatte, mit einem überzeugenden Votum für Österreichs Selbständigkeit geendet hätte. Aber er war sich auch klar, daß letztlich die Realpolitik siegen würde.

Stolz entschloß sich jetzt, Österreich zu verlassen. Er schickte seine nichtarische Frau Lilli nach Paris, löste sein Bankkonto auf und übergab das Geld seinem Freund, dem Rechtsanwalt Hans Kurz, zu treuen Handen. Kurz sollte damit in Not geratene Freunde und Kollegen während der nächsten Jahre finanziell unterstützen.

Am Abend des 11. März 1938 versammelte sich eine Freundesrunde in der Elisabethstraße, um die angekündigte Radiorede Schuschniggs zu hören. Die Freunde vernahmen mit Betroffenheit, daß der österreichische Bundeskanzler seinen Rücktritt bekannt gab, mit den historisch gewordenen Worten: »Ich weiche der Gewalt. Gott schütze Österreich«. Das befürchtete Ende der Selbständigkeit Österreichs war plötzlich Realität geworden.

Wenn man seinen Erinnerungen folgt, erhielt Stolz noch am selben Abend einen Telefonanruf von seinem Bruder Max, einem unter dem Namen Max Siegfried in Deutschland relativ bekannt gewordenen Schauspieler, der engagiertes NSDAP-Mitglied war. Dieser teilte ihm mit, er habe seine Wohnung bis morgen sechs Uhr früh »von der jüdischen Bagage zu säubern«, sonst käme er am nächsten Morgen mit der Gestapo. Stolz soll seinem Bruder geantwortet haben: »Du kannst mich mitsamt deinem Führer am Arsch lecken«. Er wußte bis zu seinem Lebensende nicht, ob dieser Anruf seines Bruders eine Drohung war, oder doch auch eine Warnung, über alle politischen Differenzen hinweg, die zwischen den Brüdern herrschten.

Robert Stolz verabschiedete sich von seinen Freunden und fuhr noch in der Nacht auf den 12. März 1938 nach Zürich und dann weiter nach Paris. Daß er vor der Gestapo hätte fliehen müssen, ist gemäß seiner eigenen Darstellung der Ereignisse nicht korrekt. Er hatte das Land aus Abscheu für die Kulturpolitik des Reichs und aus Solidarität mit seinen jüdischen Kollegen aus freien Stücken verlassen.

In Paris war Stolz bald mit einer sehr unangenehmen politischen Situation konfrontiert. Denn die französische Bürokratie erkannte die »Ex-Autrichiens« nicht als Flüchtlinge im Sinne der Genfer Konvention an. Als Begründung dafür wurde angeführt, daß diese Konvention dem völkerrechtlichen und politischen Tatbestand, welcher der österreichischen Emigration zugrunde lag, nicht Rechnung tragen würde. Jemand wie Stolz, der ja die staatsrechtlichen Folgen des »Anschlusses« ablehnte und auch nicht aus rassischen oder politischen Gründen verfolgt wurde, konnte nicht nachweisen, daß er rechtlich oder tatsächlich den Schutz des Staates, dem er einmal zugehörig war, verloren habe. Stolz befand sich durch diese bürokratische Spitzfindigkeit der französischen Behörden auf einmal in einem rechtlichen Niemandsland.

»Eine von Deutschlands stärksten Waffen«

Mit Robert Stolz' freiwilligem Gang ins Exil ergab sich auch für die nationalsozialistischen Machthaber eine unangenehme Situation. Um die internationalen Antipathien gegen ihre Kulturpolitik nicht noch größer werden zu lassen, taten die deutschen Behörden jetzt alles, um Stolz zur Rückkehr nach Deutschland zu bewegen. Ein persönlicher Abgesandter von Goebbels, der Stolz in Paris aufsuchte, versprach ihm für diesen Fall eine führende Stellung im Theater- und Filmwesen und eine Reihe von Privilegien, vor allem die Garantie, daß alle seine Werke in ersten Theatern aufgeführt würden. Am 11. April 1939 wurde ihm vom Wiener Magistrat auch das Heimatrecht in Wien ausdrücklich bestätigt. Dieser Verwaltungsakt muß mit Wissen und mit der Zustimmung des Komponisten geschehen sein, denn das entsprechende Dokument trägt die eigenhändige Unterschrift von Robert Stolz.

In einem Brief schrieb ihm Richard Strauss in seiner Funktion als Präsident der »Staatlich genehmigten Gesellschaft zur Verwertung musikalischer Urheberrechte« (STAGMA) nach Paris, er würde im Falle seiner Rückkehr als arischer Künstler in Deutschland wieder mit offenen Armen empfangen werden. Da Strauss' negative Einstellung gegenüber der Unterhaltungsmusik bekannt war, ist anzunehmen, daß bei diesem Schreiben politische Motive im Hintergrund gestanden haben müssen.

Robert Stolz war seit 1907 Mitglied der österreichischen Urheberrechtsgesellschaft AKM. Diese ging nach dem Anschluss in der deutschen STAGMA auf. Da damals das Nationalitätsprinzip galt, hätten alle ehemaligen AKM-Mitglieder jetzt der STAGMA beitreten müssen, um ihre Urheberrechts- und Tantiemenansprüche in Deutschland weiter zu schützen. Nichtarischen Komponisten und Autoren war dies natürlich verwehrt. Stolz hätte diese Möglichkeit gehabt, konnte sich aber nicht zu diesem Schritt entschließen. Wie er selbst in seinen Erinnerungen schreibt, war ihm zu diesem Zeitpunkt bereits klar, daß er damit jetzt tatsächlich seine gesamte Existenz aufs Spiel setzte.

Diese Entscheidung war umso bemerkenswerter, als Robert Stolz im Falle seiner Rückkehr nach Deutschland wohl nichts zu befürchten gehabt hätte. Er war zwar mit einer jüdischen Frau verheiratet, aber die Nazis tolerierten sogenannte »Mischehen«, wenn sie vor 1933 geschlossen worden waren. Berufliche Nachteile gab es erst ab etwa 1938, als die Reichsrundfunkkammer beschloß, Werke von Komponisten, die mit Jüdinnen verheiratet waren, nicht mehr zu senden. Aber auch da gab es Ausnahmen, etwa bei Franz Lehár oder Eduard Künneke, deren Werke Hitler liebte. Das Angebot von Goebbels hätte Stolz wahrscheinlich denselben Ausnahmestatus verschafft.

Trotzdem antwortete er nicht einmal auf den Brief von Strauss und bewarb sich zusammen mit vielen anderen Exilanten um eine Mitgliedschaft in der französischen Urheberrechtsgesellschaft SACEM. Doch diese wollte nur Oscar Straus, Emmerich Kálmán und Stolz aufnehmen. Straus und Kálmán gingen auf dieses Angebot ein, doch der Gerechtigkeitsfanatiker Stolz konnte sich aus Solidarität mit den nicht so bekannten Kollegen, denen die Franzosen die Aufnahme in die SACEM verweigerten, nicht zu diesem Schritt entschließen.

Dabei hatte er zu dieser Zeit bereits sehr unter der zunehmenden Feindseligkeit zu leiden, die ihm von den Franzosen, aber auch aus Emigrantenkreisen entgegengebracht wurde. »... Es ist ja zum wahnsinnig werden«, schrieb er am 17. Oktober 1939 an seinen Freund Paul Hühn, »– ich, ich erwecke hier noch an vielen Stellen den Anschein, daß ich ›Deutschfreundlich‹, also ›Hitlerfreundlich‹ eingestellt bin! Was sagst Du dazu? Trotz aller meiner gelieferten Beweise haben dies meine Feinde – es sind natürlich nur Landsleute – Emigranten – erreicht, daß ich diesen Ruf genieße!« (Stolz: S. 347)

»Eine von Deutschlands stärksten Waffen«

In dieser Situation traf Stolz in Paris Leslie Arthur Boosey, den Chef der britischen »Performing Rights Society«. Stolz erklärte ihm seine Situation, und Boosey handelte als Gentleman. Bei einer unmittelbar darauf folgenden Tagung der internationalen Urheberrechtsgesellschaften in Mailand, bei der Stolz als deutscher Staatsbürger für die STAGMA reklamiert wurde, erklärte Boosey, Stolz wolle aus persönlicher Entscheidung in die PRS eintreten. Sollte ihn die STAGMA nicht freigeben, würde die PRS aus dem Verband der Urheberrechtsgesellschaften austreten. Jetzt gaben die Deutschen nach. Ihr offizieller Vertreter erklärte: »Das Deutsche Reich hat nicht die Absicht, wegen eines Robert Stolz einen Krieg mit dem Britischen Empire zu beginnen.« (Stolz: S. 338)

Stolz hatte damit die Brücken zum Deutschen Reich endgültig abgebrochen. Seine konsequente Handlungsweise löste in der gleichgeschalteten deutschen Presse ein beträchtliches Echo aus. So schrieb etwa eine Berliner Zeitung im Dezember 1939 unter dem Titel »Musikalische Emigration in Nöten« in einem hämischen Kommentar: »Da ist z. B. unser Robert Stolz! Als die Ostmark zum Reich heimkehrte, wurde er freiwillig Emigrant, obwohl ihm kein Mensch etwas tat oder tun wollte. Er schrieb alberne Briefe aus Paris an ehemalige Bekannte in Berlin und Wien, in denen er versicherte, erst wieder nach Deutschland zu kommen, wenn alles wieder anders sei. In Paris trieb er sich im übelsten Emigranten-Kaffee herum, in seiner Umgebung sah man die schmierigsten Juden. Aus der deutschen Stagma trat er aus, um in die englische Urheberrechtsgesellschaft einzutreten! Er wollte dem Reich keinen Pfennig Devisen aus der Stolz'schen Musik zufließen lassen. ... In Deutschland ist man aber so großzügig gewesen, die Musik des Herrn Stolz in Theatern und Musikgaststätten nach wie vor ungehindert zu spielen, um Herrn Stolz in Nahrung zu setzen. Wenn Monsieur Stolz auch kein Jude ist, so wird man wohl kaum einen Unterschied zwischen seiner Handlungsweise und der seiner jüdischen Freunde erkennen«. (Eidam: S. 143)

Dieser Artikel erschien zu einem Zeitpunkt, da Stolz in Paris bereits praktisch ohne finanzielle Mittel dastand und sich mit einer lebensbedrohenden Lungenentzündung im Internierungslager befand.

Diese Vorgänge können als Indiz dafür gelten, daß Stolz von den Nazis nicht »verfolgt und verfemt« wurde wie seine jüdischen Kollegen. Sie beweisen aber auch, daß er durch seine kompromißlose Weigerung, dem Nazi-Regime in irgendeiner Form dienstbar zu sein, in einer für ihn existenzbedrohenden Situation Charakterfestigkeit und Mut gezeigt hat und daß der Abgang dieses populären Komponisten von den Nazis nur schwer zu verwinden war.

Als er 1940 über Marseille in die Vereinigten Staaten gegangen war, unternahm der deutsche Konsul in New York noch einen letzten Versuch, Stolz »heimzuholen«. Er habe im Falle seiner Rückkehr keine Repressalien wegen seiner antinazistischen Haltung zu befürchten und könne im Deutschen Reich ungehindert arbeiten, so das neuerliche Angebot von Goebbels. (Holm: S. 375) Stolz weigerte sich ein weiteres Mal, auf dieses Angebot einzugehen, und mußte dann in New York von seiner Ausbürgerung aufgrund eines Erlasses des Reichsführers-SS vom 28. August 1941 erfahren. Das entsprechende Dokument wurde am 28. März 1942 ausgestellt. Er verlor damit alle seiner staatsbürgerlichen Rechte, und sein gesamtes Vermögen in Deutschland wurde von den Nazi-Behörden eingezogen. Seine Wiener Wohnung wurde beschlagnahmt, und sein Archiv mit vielen Partituren, kostbaren Autographen, Photographien und Erinnerungsstücken von der Gestapo abtransportiert.

»Eine von Deutschlands stärksten Waffen«

Robert Stolz hätte nach seiner Ausbürgerung durch die Nazis die Möglichkeit gehabt, die amerikanische Staatsbürgerschaft anzunehmen, wie dies etwa Benatzky oder Kálmán taten. Er dachte und fühlte aber immer noch als Österreicher und war der Kultur seiner Heimat nach wie vor verbunden. 1943 wandte er sich über einen deutschsprachigen Radiosender sogar mit einer Botschaft an seine österreichischen Landsleute:

Meine lieben Freunde! Es ist mir eine besondere Freude, an Euch das Wort richten zu können. Damals, als ich zu dem barbarischen Geräusch des Stechschrittes meine Heimat verließ, habe ich mir gleich gedacht: Zu so was san wir net geboren. … Und so habe ich mein Binkerl zusammengeschnürt und bin gegangen mit den Worten: Frag nicht, warum ich gehe. …

Ich bin nie ein Politiker gewesen. Politik war mir immer ein Buch mit sieben Siegeln, zu dem ich keinen Schlüssel hatte. Ich hatte halt seit meiner Geburt nur einen Violinschlüssel und einen Baßschlüssel, und bin damit höchstens in den Prater hineingekommen, wenn dort die Bäume wieder geblüht haben. In meinem Koffer, da lag neben meine sieben Zwetschgen ein Stückerl vom Dachstein, ein Stückerl von Tirol und Salzburg und Steiermark, ein Stückerl von Schönbrunn und vom Wurstelprater. Und auf amerikanischem Boden habe ich das alles wieder ausgepackt und die Stückerln schön wieder zusammengesetzt, und für meine neuen Freunde, die Amerikaner, habe ich daraus österreichische Musik gemacht, Operetten, Konzerte, bis sie alle miteinander am Broadway und in Hollywood gesungen haben: Wien, Wien nur Du allein«. Das war meine Politik. (Stolz: S. 377)

Dieser Text wirkt heute angesichts der schrecklichen Ereignisse dieser Jahre fast wie eine Kabarettnummer. Stolz hat diese Botschaft aber zweifellos ernst genommen. Sie enthält präzise das politische Credo eines »unpolitischen« Künstlers, der nur Musik machen wollte, vor allem, um die Menschen ihre Sorgen vergessen zu lassen. Umso merkwürdiger ist in diesem Zusammenhang, was die Stolz-Witwe zwei Jahre nach dem Tod ihres Gatten über dessen politisches Engagement der »Kronen Zeitung« im September 1977 anvertraut hat: »Er hat bewußt in seiner Zeit gelebt. Adieu mein kleiner Gardeoffizier – das ist ein Protestsong gegen Krieg und Arbeitslosigkeit. Robert Stolz war nicht nur der größte Melodiker, sondern auch der Protestsänger seiner Zeit!«

1944 nahmen Robert Stolz und Einzi an einem Empfang im Weißen Haus teil, bei dem Eleanor Roosevelt den Komponisten als »Botschafter der Wiener Musik« apostrophierte, dessen Aufgabe gerade in Zeiten wichtig wäre, in denen Österreich keinen offiziellen Botschafter in den Vereinigten Staaten habe. Seine Leistungen wurden aber auch von anderen politischen Repräsentanten Amerikas gewürdigt, und der New Yorker Bürgermeister Johnny Walker verlieh ihm sogar den Spitznamen »Broadway-Bobby«.

Die Behandlung durch die österreichischen Behörden nach dem Ende des Krieges hatte er daher zeit seines Lebens als kränkend empfunden. Umso mehr muß es ihm eine Genugtuung gewesen sein, daß er für seine patriotische Haltung während der Nazi-Zeit durch die österreichische Widerstandsbewegung geehrt wurde. Seine Witwe erinnert sich an eine Veranstaltung im Wiener Konzerthaus, die einige Wochen nach seiner Rückkehr aus dem amerikanischen Exil stattfand:

»Eine von Deutschlands stärksten Waffen«

Gerade als ich mich zu fragen begann, wie lange sich diese Trauerversammlung noch hinziehen werde, trat ein neuer Sprecher ans Mikrophon, der sich als Angehöriger der einstmals blühenden jüdischen Gemeinde bezeichnete, von der nur ein kläglicher Rest in Wien erhalten geblieben war. Er hielt eine Sekunde inne, in der er einen Blick in unsere Loge zu werfen schien. Dann räusperte er sich und verkündete: »Und nun möchte ich jemanden erwähnen, der, obwohl er nicht unseres Glaubens ist, allein viel mehr für unsere Brüder und Schwestern getan hat als eine Menge anderer zusammen ... sein Name ist Robert Stolz. ... Ich saß wie gelähmt, unfähig zu verstehen, was das alles zu bedeuten hatte, denn Robert hatte ... niemals auch nur die leiseste Andeutung über all das gemacht, was er in den Jahren, bevor wir uns in Paris kennenlernten, unternommen hatte, um seinen jüdischen Freunden in Berlin und Wien zu helfen. (Stolz: S. 463 f.)

Dann traten einige Zeugen auf, die bestätigten, daß sie Stolz ihre Existenz oder sogar ihr Leben verdanken, darunter der Schriftsteller Rudolf Österreicher, der unter anderem bei der Operette *Eine einzige Nacht* am Libretto mitgearbeitet hatte.

Stolz hatte während der Nazi-Zeit am eigenen Leib erfahren müssen, daß Politik und Kunst nicht immer getrennte Wege gehen können. Er hatte erlebt, wie die Existenz eines Künstlers, auch wenn er selbst nicht an Leib oder Leben bedroht wird, von der Kulturpolitik eines Landes vernichtet werden kann. Diese Erfahrungen konnte er nach dem Krieg einsetzen.

Stolz hat sich nach Ende des Zweiten Weltkriegs große Verdienste um die Erhaltung der deutschen Urheberrechtsgesellschaft GEMA, der Nachfolgegesellschaft der nationalsozialistischen STAGMA erworben. Die Besatzungsmächte wollten die GEMA aufgrund der damals geltenden Anti-Trust-Gesetze zerschlagen. Das hätte zur Folge gehabt, daß viele deutsche Künstler ihres urheberrechtlichen Schutzes und damit ihres Einkommens aus diesen Rechten beraubt worden wären. Interventionen bei den Regierungen Frankreichs, Großbritanniens und den USA hatten schließlich Erfolg. Die GEMA blieb aus den Anti-Trust-Regelungen ausgeschlossen.

Stolz engagierte sich ab 1949 aktiv für den Weiterbestand der GEMA. Er setzte seine internationale Berühmtheit und seine vielfältigen Auslandskontakte dafür ein, daß die GEMA bald wieder ihren Platz unter den internationalen Verwertungsgesellschaften einnehmen konnte. Daß er aber maßgeblich dabei mitgewirkt habe, die GEMA vor der Zerschlagung durch die Besatzungsmächte zu bewahren, ist bei der GEMA selbst nicht dokumentiert.

Wie Politik auch das aktuelle Musikgeschehen in einer Demokratie direkt beeinflussen kann, erfuhr Stolz im Jahre 1963. Er hatte damals eine Einladung, eine Reihe seiner »A Night in Vienna«-Konzerte mit dem Israel Philharmonic Orchestra zu dirigieren. Stolz wußte sehr wohl, daß die Verwendung der deutschen Sprache damals in Israel verboten war. Trotzdem bestand er gleich nach seiner Ankunft in Tel Aviv darauf, daß seine Solisten Adele Leigh und Nigel Douglas aus musikalischen Gründen in der Originalsprache singen. Nach erregten Diskussionen mit Vertretern der Regierung bekam er »angesichts seiner Verdienste um das jüdische Volk« eine Ausnahmegenehmigung, wurde aber vor möglichen negativen Reaktionen des Publikums gewarnt.

Dementsprechend hoch war die Nervosität vor dem ersten Konzert am Abend des 28. Jänner 1963 im Frederic-Mann-Auditorium. Einzi Stolz erinnert sich:

Und dann beginnt das Konzert. Robert dirigiert phantastisch die Ouvertüre der Fledermaus, und das Publikum ist begeistert. Aber die Stunde der Wahrheit schlägt erst in der nächsten Nummer des Programms. Mit tapferem Lächeln tritt Nigel Douglas an die Rampe und fägt an zu singen: »Im Prater blüh'n wieder die Bäume ...«

Das Publikum ist erschüttert. Man kann den Schock, der es durchfährt, wie einen elektrischen Stromschlag spüren. Überall in der großen Halle sehen sich die Leute verwundert an. Der Saal ist bis auf den letzten Platz besetzt, und jeder einzelne ist völlig überrascht. Aber dann weicht die Überraschung nicht etwa dem Ärger, sondern herzlicher Zustimmung. Innerhalb weniger Sekunden summt das Publikum mit Nigel mit. Die Menschen fassen sich bei den Händen. Viele weinen. (Stolz: S. 501)

»Eine von Deutschlands stärksten Waffen«

Bei einem Empfang, der von der israelischen Gewerkschaftsorganisation Histadrut für die Gäste aus Österreich gegeben wird, dankte der Vertreter des Kulturministeriums Shimon Peres Stolz ausdrücklich für diese mutige Tat:

Maestro Stolz, vom Grunde unseren Herzens danken wir Ihnen dafür, daß Sie zu uns gekommen sind. Sie haben für unser Volk getan, was Tausende von Psychoanalytikern und Psychologen nicht erreichen könnten. Im Jahre 1948 hatte Israel nur ein halbe Million Einwohner, heute sind es fast zweieinhalb Millionen. Die meisten von ihnen kommen aus Wien und Berlin, Budapest und Prag, Bukarest und Warschau. Ihre Wurzeln liegen in Mitteleuropa, aber bis zu Ihrem Besuch waren sie von diesen Wurzeln abgeschnitten. Sie hatten ihre Kindheit, ihre Jugend, ihre Vergangenheit verloren. Sie lebten in einer Art Trauma, einem kulturellen Vakuum. Wenn einer von ihnen deutsch sprach, die Sprache, mit der er aufgewachsen war, dann fand sich immer wieder einer, der sagte: Hör auf! Oder hast du deine Mutter, deinen Vater, deine Kinder vergessen? Unser Volk hatte Angst vor der deutschen Sprache. Es haßte sie. Sie brachte zu viele entsetzliche Erinnerungen mit sich.

Und nun haben Sie uns eine Katharsis geschenkt. Ihre Konzerte haben unserem Volk seine Kindheit wiedergegeben, seine Jugend, seine Vergangenheit, seine Wurzeln. Sie haben es von einem Trauma befreit ... Mit Ihrer Musik, Maestro Stolz, haben Sie das Vakuum im Leben dieser Menschen gefüllt und sie damit wieder zu ganzen Menschen gemacht. (Stolz: S. 502)

Robert Stolz erhielt 1970 die Jerusalem-Medaille und das Ehrenzeichen des Israel Philharmonic Orchestra. Bei der Überreichung dieser Auszeichnungen hob Israels Botschafter Zeev Shek hervor, daß Stolz der erste Österreicher sei, dem eine der höchsten Auszeichnungen des Staates Israel verliehen werde, und zwar »als Zeichen des Dankes für seine Melodien, vor allem aber in Anerkennung für die Freundschaft zum jüdischen Volk und zum Land Israel«. Stolz sei für dieses Land Symbol der immerwährenden Verbindung von wahrem Künstlertum und reiner Menschlichkeit. Seine tapfere Haltung und treue Verbundenheit zu seinen jüdischen Freunden in schweren Zeiten habe ehrliche Bewunderung gefunden. Stolz habe, so Botschafter Shek, die erste Brücke in den kulturellen Beziehungen zwischen Österreich und Israel geschlagen.

Im Jahre 1963 trat Robert Stolz öffentlich für die Wiederwahl von Adolf Schärf zum österreichischen Bundespräsidenten ein. Schärf hatte die Wiener Eisrevue einmal als den wichtigsten kulturellen Exportartikel Österreichs bezeichnet, weil diese Shows ein Massenpublikum erreichen und begeistern konnten. Stolz erwies sich für diese allerhöchste Anerkennung dankbar und meinte dann wenig später in einem Fernsehinterview, Adolf Schärf solle weiter im Amt bleiben, weil er seine Aufgabe in den ersten vier Jahren wunderbar erfüllt habe. Dies sollte Stolz' einziges parteipolitisches Engagement in der Zweiten Republik bleiben.

»Eine von Deutschlands stärksten Waffen«

Vierter Teil: Die heile Welt der Melodie

Das Faszinosum der Operette

Wie Moritz Csáky in einer Analyse der Ideologie der Operette nachweisen konnte, hatte die Unterhaltungssucht der städtischen Bevölkerung ihre Ursache nicht nur in der wirtschaftlichen Misere der Zwischenkriegszeit, wie häufig kolportiert wird. Sie war auch eine Reaktion auf die wirtschaftlichen und sozialen Veränderungen der Zeit, die bereits nach Ende des Ersten Weltkriegs einsetzte.

Von 1858 bis 1938 gab es in Wien insgesamt tausendeinhundertundeine Erstaufführungen von Operetten, davon vierhundertvierzehn in den Jahren 1908 bis 1923. Allein im Jahre 1915 wurden in Wien nicht weniger als zwanzig neue Operetten gezeigt, darunter Emmerich Kálmáns Hit *Die Csárdásfürstin*, Bruno Granichstaedtens *Auf Befehl der Kaiserin*, Edmund Eyslers *Wenn zwei sich lieben*, *Die schöne Unbekannte* von Oscar Straus und *Die Varietédiva* von Robert Stolz.

Das stärker werdende Unterhaltungsbedürfnis der Stadtbevölkerung hatte seinen Nährboden in den Veränderungen der Gesellschaftsstruktur, die ein neues Bürgertum und die Arbeiterschaft hervorbrachten. Im Alltagsleben dieser immer breiter werdenden Bevölkerungsschichten kam es zu tiefgreifenden Veränderungen, die Verunsicherungen zur Folge hatten. Die Flucht in das vermehrte Unterhaltungsangebot war eine Möglichkeit, diese Verunsicherungen zumindest für einen Abend zu vergessen.

Die Operette war kein »Vakuum-Produkt«, wie Hermann Broch meinte, sondern vor allem ein Spiegel der Gesellschaft, in dem man sich wiedererkennen konnte. Sie gehörte von der Typologie zwar in den Bereich des Amüsements, konnte aber auch in heiter unterhaltender Form die Erinnerung an kulturelle Inhalte wachrufen, die zum festen Bestandteil der Mentalität und Identität des Publikums gehörten. Im Schutze eines dunklen Zuschauerraums konnte man lachen und weinen, für ein paar Stunden seinen Wünschen und Sehnsüchten folgen.

Mehr als alle langatmigen Exegesen illustrieren zwei willkürlich ausgewählte Episoden den eigentümlichen Wirkungsmechanismus dieses Genres, Realität und schönen Schein im Bewußtsein der Menschen gleichsam zu vertauschen. So gab es während der letzten Kriegsjahre bei einer Aufführung von Lehárs *Land des Lächelns* in London Fliegeralarm. Die Vorstellung mußte unterbrochen werden. Der Großteil des Publikums blieb aber im Theater. Als die Sirenen Entwarnung ankündigten, trat Richard Tauber an die Rampe und sagte: »And now back to reality«, und er begann zu singen: »Dein ist mein ganzes Herz«.

Eine andere Begebenheit berichtete mir meine Großmutter: Mitten in der Besatzungszeit gab es im Kino einer kleinen niederösterreichischen Stadt den *Zarewitsch* zu sehen. In der ersten Reihe hatte das gesamte sowjetische Offizierskorps Platz genommen, das aus der Kommandatura herübergekommen war, um sich diesen Film anzuschauen. Und als der Zarewitsch anhebt zu klagen: »Hast Du dort oben vergessen auf mich?«, reichten die Taschentücher der Herren Offiziere nicht aus, um ihre Tränenfluten zu trocknen.

Diese beiden Anekdoten machen deutlich, worin die Faszination und gleichzeitig die Fragwürdigkeit der Operette besteht. Was Karl Kraus spöttisch als »ernstgenommene Sinnlosigkeit auf der Bühne« bezeichnete, war in Wirklichkeit mehr als bloßer Realitätsersatz. Operetten waren auch Orte des Gedächtnisses, in denen sich der zentraleuropäische Raum in seiner kulturellen Identität wiederfinden konnte. Die Operette reagierte ganz bewußt auf den pluralistischen Background des Vielvölkerstaates, indem sie eine multikulturelle Lebenswelt auf die Bühne brachte, die das Publikum als seine eigene wiedererkennen konnte. Die Vielfalt der musikalischen Formensprache wirkte als Signal, das es ermöglichte, sich dieser Welt zu erinnern und sich gleichzeitig fremde Elemente anzueignen und in das eigene Erbe zu integrieren. Mit dem Fortschreiten der Massenproduktion von Operettenwerken führte sich diese Funktion ad absurdum und produzierte nur mehr klischeehafte Vorstellungen und sinnentleerte Stereotypen, die bis heute wirksam sind.

Folgt man dem Lehár-Biographen Stefan Frey, dann hat die Operette mit der *Lustigen Witwe* ihr Eintrittsbillet in die moderne Massenkultur gelöst und die Grenze zur Unterhaltungsindustrie überschritten. Das ist nur in der Rückschau richtig. Denn in seiner Zeit strebte Lehár immer nach Höherem und war ursprünglich auch als Opernkomponist an die Öffentlichkeit getreten. Sein einaktiger Erstversuch *Rodrigo*, für einen Opernwettbewerb geschrieben, ist ganz im Stile des Verismo komponiert und beginnt sogar mit einem Vorspiel, das stark vom Intermezzo der *Cavalleria rusticana* beeinflußt ist. Auch sein nächstes Werk war eine Oper. Für das lyrische Drama *Kukuska*, 1896 in Leipzig und dann 1899 in Budapest aufgeführt, versuchte Lehár vergeblich, das Interesse von Hofoperndirektor Gustav Mahler zu gewinnen. Seine spätere Stellung als »Olympier der Banalität« hat er mit

Würde und leichter Resignation ertragen. (Frey: S. 14) Was Lehár betrifft, hat Theodor W. Adorno mit seiner Meinung sicher recht, wonach die leichte Kunst das gesellschaftlich schlechte Gewissen der ernsten wäre.

Als Lehár 1948 starb, wurde seiner Todesanzeige als Faksimile eine Art musikalisches Vermächtnis beigelegt: »Wenn ich Musik geschrieben habe, die ins Volk dringt, so habe ich doch einen ganz anderen Zweck verfolgt, als Unterhaltung zu bieten. Ich wollte ihr Herz erobern, in ihre Seelen dringen, und die vielen hundert Zuschriften, die ich aus allen Teilen der Welt erhalte, beweisen mir, daß es mir gelungen ist und ich nicht umsonst gearbeitet, gelebt habe«. (Linke: S. 130)

Robert Stolz dagegen wollte vor allem Unterhaltung bieten und strebte nie nach höheren Weihen; er kannte und akzeptierte seine Grenzen. Innerhalb dieser Grenzen setzte er sein Talent aber so produktiv ein wie kaum ein anderer Komponist seiner Epoche. Er hat in vielen Interviews immer wieder betont, daß er mit seinen Melodien nur den Menschen Freude bereiten und ihnen dabei helfen wollte, die Sorgen und Mühen des Alltags für kurze Zeit zu vergessen. Auf seinem Grabstein steht sein Lebensmotto: »Wenn meine Melodien in den Herzen der Menschen einen Platz gefunden haben, dann weiß ich, daß ich meine Aufgabe erfüllt und nicht umsonst gelebt habe«. Die Ähnlichkeit mit Lehárs musikalischem »Lebensmotto« ist zumindest auffallend.

Robert Stolz hat zwischen 1899 und 1969 insgesamt fast neunzig Bühnenwerke geschrieben. In seiner ersten Schaffensperiode bis etwa 1921 waren es fast ausschließlich Einakter, die sich in Aufbau und Gestaltung fast nicht voneinander unterschieden. Die Bezeichnung als Operette, musikalisches Lustspiel oder Singspiel wurde oft willkürlich gewählt und war auch abhängig von der jeweiligen Konzession der Bühne, an der das Werk aufgeführt werden sollte. Hatte ein Etablissement nur eine Singspielhallenkonzession, so wurde das Opus eben Singspiel genannt. (Hertel: S. 48)

Diese Einakter waren für kleinere Vergnügungsetablissements bestimmt, dauerten meist nicht mehr als eine dreiviertel Stunde und kamen in einem gemischten Programm zusammen mit anderen Werken zur Aufführung. Die einfache Handlung war in einer oft nur angedeuteten Dekoration spielbar, und die Instrumentalbegleitung war in der Regel nur für zwei Klaviere eingerichtet.

Als Folge seiner wachsenden Popularität bekam Stolz ab 1921 auch Aufträge für dreiaktige, abendfüllende Operetten von größeren Häusern, etwa dem Raimundtheater oder dem Scala-Theater (bis 1933 Johann-Strauß-Theater). Diese Operetten sind fast ausschließlich nach der traditionellen Form der Nummernoperette aufgebaut, der meist eine Ouvertüre vorangestellt wird. Stolz hat im Laufe seines langen Lebens siebenundvierzig solcher abendfüllender Operetten komponiert.

Die von Robert Stolz und seinen Hauptkonkurrenten Ralph Benatzky und Oscar Straus geprägte Operettenform setzte die Linie der »silbernen« Ära mit ihrem Hang zur Seriosität und ihrem opernhaften Stil mit durchkomponierten großen Finali nicht weiter fort, sondern griff auf die Vorbilder der »goldenen« Ära zurück. In ihrer frühen Entwicklungsform war die Stolz-Operette »eine kleine volkstümliche – ja oft volkstümelnde Abart und Weiterführung der goldenen Linie«. (Hertel: S. 135) Wie es in Klaus Eidams Stolz-Biographie heißt, war das eigentliche Stolz-Terrain aber »die Kammeroperette, die auf große Chorfinali und Balletteinlagen verzichtete und ihre Bühnenwirksamkeit aus Komödiensituationen, spritzigen Dialogen und musikalisch aus Liedern, Duetten, Musikszenen gewann – das Ensemble war fast schon Ausnahme, der Chor weitgehend Randerscheinung«. (Eidam: S. 75 f.)

Später integrierten Stolz und seine Kollegen neue Formen, etwa aus der Revue oder dem Kabarett in die Operette, griffen neue, aus Amerika kommende Rhythmen auf und lösten auf diese Weise die Grenzen zwischen Operette, Singspiel, Revue und Musical langsam auf. Der jeweilige Modetanz war meist als Zugnummer komponiert, was der Tradition von Offenbach und Strauß durchaus entsprach. Bei Stolz war es manchmal ein Walzer, später dann ein Foxtrott, Onestep oder Slowfox. Dadurch, aber auch durch die Versuche, immer Neues, Ausgefallenes und Exotisches auf die Bühne zu bringen, verlor die Operette aber auch ihre Heimat, sowohl in musikalischer Hinsicht als auch auf das Milieu bezogen, und damit zum großen Teil ihre Identität.

Wie Franz Hertel in seiner Dissertation ausführt, sind die Stolz-Operetten musikalisch durch eine immer stärker spürbare Hinwendung zur reinen Nummern-Operette charakterisiert. Die Musikeinlagen werden in das Geschehen auf der Bühne eingestreut und stehen oft nur in einem lockeren dramaturgischen Zusammenhang mit der Handlung. Ouvertüren und Finali sind meist nur eine Aneinanderreihung von Nummernteilen, die mit einfachen kompositorischen Mitteln miteinander verbunden werden. Typisch für Stolz ist eine Entwicklung weg von den standardisierten Rollenfächern der klassischen Sänger-Operette. Vor allem in seinen musikalischen Lustspielen schreibt er Rollen, die auch mit stimmlich begabten Schauspielern besetzt werden können. (Hertel: S. 77 ff.)

Es überwiegen einfache musikalische Formen, ohne Ausprägung einer eigenen stilistischen Linie, die noch bei den klassischen Operetten der goldenen Ära zu finden ist. Die Libretti werden eins zu eins vertont, in der Musik findet sich keine Doppelbödigkeit, wie sie die Meisterwerke von Johann Strauß auszeichnet; Ironie oder gar Kritik fehlen vollkommen. Die Texte dienen Stolz ganz einfach als »Futter« für seine Melodien.

Was sich im Laufe der Zeit änderte, waren die Arrangements und die Instrumentierung, die Stolz meist nicht selbst gemacht hat. Andere Kapellmeister, etwa Bruno Uher und später Heinz Sandauer oder Karl Grell, instrumentierten und arrangierten den Klavierauszug nach den Bedürfnissen der jeweiligen Theater. Auch Nico Dostal, der in seinen Erinnerungen mit einem kleinen Seitenhieb auf Stolz bemerkte, er hätte es nie notwendig gehabt, sich auf Johann Strauß zu berufen, machte zahlreiche Arrangements für seinen weitaus bekannteren Kollegen.

Stolz-Operetten zeichnen sich, wie Hertel in seiner ausgezeichneten Analyse ausführt, durch einfache und »konfliktfreie« Vertonung publikumsfreundlicher Texte und durch die Illusion unterstützende Musik aus. Nie gibt es Anlaß zur Reflexion, nie eine Provokation – nur Unterhaltung pur, das aber musikalisch fast immer erstklassig. Robert Stolz hatte seine größten Erfolge mit Operetten, die in einer nicht näher definierten Zeit der alten k.u.k.-Monarchie spielen und diese Zeit in die Musik projizieren. Genauso wie er in den zwanziger und dreißiger Jahren Wienerlieder schreibt, die eigentlich Kunstlieder sind, weil es sie historisch gesehen in dieser Form nie wirklich gegeben hat, so schreibt er auch Operetten in einer Manier, die es zu eben dieser k.u.k.-Zeit in Wien nie gegeben hat. Die Stolz-Operetten gaukeln eine scheinbar intakte Romantik vor, sind aber in Wirklichkeit eine publikumswirksam und kommerziell ausgerichtete künstliche Illusion, die dem populären Bild von der österreichischen Monarchie aus der Sicht der zwanziger und dreißiger Jahre entsprach. Das war ein wesentlicher Teil ihres Erfolgsgeheimnisses, aber auch der Grund, warum keines dieser Werke seine Zeit überlebt hat.

Stolz-Operetten erlebten fast durchwegs glanzvolle Premieren, blieben dann »in der Regel für jeweils höchstens fünfzig bis sechzig Vorstellungen am Spielplan, um dann maximal ein bis zwei Wiederaufnahmen zu erleben«. (Hertel: S. 102 ff.) In Stolz' fruchtbarster Schaffensperiode bis etwa 1924 wurden in manchen Jahren drei, manchmal sogar vier seiner Bühnenwerke uraufgeführt. »Was soll man zu solchen Massenerzeugnissen sagen?«, fragte sich Otto Keller schon 1926: »Robert Stolz ist heute der bekannteste Foxtrott- und Shimmyfabrikant und hat diesen Ruf auch in die Operette hineingetragen; in seinen Arbeiten wimmelt es von diesen edlen Tänzen, er fühlt sich als der Johann Strauß dieser Art von Tanzbeinverrenkungen, und das Publikum jubelt ihm zu! Freilich, die Erfolge dauerten nicht lange an und nur mit dem *Sperrsechserl* hat Stolz in Wien eine überraschend hohe Aufführungsziffer erreicht«. (Keller: S. 322)

In der Rückschau findet sich dieses Urteil eines Zeitgenossen bestätigt. Die Operettenerfolge von Robert Stolz sind vor allem durch seine unvergleichliche Produktivität zustande gekommen. Einen wirklichen Sensationserfolg, wie ihn beispielsweise Oscar Straus 1907 mit *Ein Walzertraum* erlebte, oder der heute fast vergessene Bruno Granichstaedten 1925 mit seiner Operette *Der Orlow*, die in nur wenigen Jahren an die tausend Aufführungen im Theater an der Wien hatte, konnte Stolz mit seinen Bühnenwerken nicht erreichen. Wohl auch aus diesem Grund gab es bei fast allen seiner Schöpungen laufend Adaptierungen für andere Bühnenerfordernisse, Umarbeitungen und Neufassungen, manchmal sogar verschiedene Fassungen für jedes Land. Eine Verbesserung der Qualität des Gesamtwerks wurde damit allerdings sehr selten erreicht.

Fast immer ist die Musik der Stolz-Operetten aber besser als der Text, auf den sie komponiert wurden. Schon in der zeitgenössischen Kritik war daher auch immer wieder zu lesen, daß die Musik von Stolz die Banalität der Handlung oder die Unglaubwürdigkeit der Libretti vergessen mache. So schrieb etwa Otto Keller: »Robert Stolz, der versprach, nachdem zwei Werke, *Lorchen* (Salzburg 1903) und die einaktige Operette *Die lustigen Weiber von Wien* (München 1909), nicht über das Durchschnittsmaß hinausragten, mit einer weiteren Operette, *Das Glücksmädel* (Wien 1910), Reformen zu bringen, nun Zweideutigkeiten wohl vermied, seine Musik aber an ein recht langweiliges Textbuch verschwendete und das Publikum mit unechter Wiener Sentimentalität füttern wollte; er sah aber, daß damit nicht viel zu holen ist, und verfiel in jeder weiteren Arbeit immer mehr der üblichen Art«. (Keller: S. 321 f.)

Die Operetten von Robert Stolz waren Gebrauchsmusik für die Unterhaltungstheater seiner Zeit. Sie standen zwar musikalisch in der Tradition, benützten diese jedoch in immer stärkerem Ausmaß als oberflächlichen Rahmen für eine neuartige Unterhaltungsform, welche sich in ihrer Massenproduktion sowohl von der opernhaften Operette als auch vom tatsächlichen Volkstheater entfernte.

Führt man das Fehlen von wirklich nachhaltigen Erfolgen im Bühnenschaffen von Robert Stolz allein auf die schlechten Textvorlagen zurück, greift man allerdings zu kurz. Die Hauptursache lag darin, daß sich das gesamte Genre, in dem Stolz groß geworden war, bereits überlebt hatte. Die Operette war schon in den ersten Nachkriegsjahren tot, weil der Geist der Zeit, der ihr den Nährboden gab, vergangen war.

Ihre Funktion als Mittel der Verbreitung von leicht konsumierbarer Unterhaltung wurde vom Film und vom Radio und später dann von der Schallplattenindustrie übernommen. Alle Erneuerungsversuche – und es hat sie nach Ende des Zweiten Weltkriegs zahlreich gegeben –, waren aus diesem Grund zum Scheitern verurteilt. Auch die Aufführungen der Operettenklassiker, die Stolz in seinen Emigrationsjahren am New Yorker Broadway herausbrachte, waren wohl vor allem deshalb ein großer Erfolg, weil das Publikum großteils aus Emigranten bestand, für die diese Musik im amerikanischen Exil eine wehmütige Erinnerung an die verlorene Heimat war. Auch in den fünfziger Jahren fungierten Operetten in Wien vor allem für die ältere Generation als Erinnerung an eine scheinbar bessere Vergangenheit, die es in dieser Form faktisch niemals gegeben hat.

Eine Untersuchung des Instituts für empirische Sozialforschung aus den sechziger Jahren belegt, daß das typische Operetten-Publikum vor allem aus der städtischen Mittelschicht des mittleren und gehobeneren Bürgertums stammt. Es besteht aus Menschen, die gerne Operetten zur Unterhaltung konsumieren und etwas Schönes ohne Probleme und ohne viel Tiefgang sehen wollen. Es sind wertkonservative und meist unpolitische Durchschnittsbürger, für welche die oft lasziv angehauchte Scheinwelt der Operette noch einen Reiz darstellt. Der Konsum von Operetten ist für dieses Publikum eine ideale Fluchtmöglichkeit aus dem Alltag, eine leichte, und vor der Verbreitung des Fernsehens oft die einzige Möglichkeit zur abendlichen Unterhaltung.

Heute werden auch die wenigen klassischen Meisterwerke nur mehr zögernd auf die Spielpläne gesetzt oder sogar als »notwendiges Übel« betrachtet. Die Wiener Volksoper setzt beispielsweise im Jahre 2002 in einem Operettenschwerpunkt neben zwei Klassikern von Carl Millöcker und Emmerich Kálmán auf vollkommen unbekannte Werke von Pietro Mascagni, Amadeo Vives und Gilbert & Sullivan. Direktor Dominique Mentha verbindet damit die Hoffnung, bei diesen unbekannten Stücken »ästhetisch mutiger sein zu können, weil die Menschen zu diesen Stücken keine Vorurteile im Kopf haben«. Über den Ausgang dieses Experiments ist er sich selbst nicht sicher: »Der Umgang mit der Operette ist, zumindest in Österreich, in eine schwierige Phase gekommen. Man muß Entscheidungen treffen. Entweder man kann diese Gattung revitalisieren, und dann kann es tatsächlich sein, daß sich die Volksoper auch im Jahr 2100 unter anderem noch über die Operette definiert. Gelingt dies nicht, wird sich die Identität der Volksoper ändern müssen«.

Pseudonyme und Plagiate

Die Qualität der Libretti war aber bereits in der Zeit der Spätblüte der Operette ein Problem. Gute Schriftsteller schrieben meist aufgrund intellektueller Ressentiments nicht für die Operette; auch war das Risiko eines Mißerfolgs groß, und die Verdienstmöglichkeiten waren noch geringer als am Theater. Mit der industrialisierten Operettenproduktion bildete sich daher auch bei den Librettisten zunehmend ein Spezialistentum heraus: Librettistenpaare, bei denen der eine Partner für den Handlungsentwurf und das Konzept und der andere für die Liedtexte zuständig war. Solche Partnerschaften waren bei Robert Stolz etwa Robert Bodanzky und Bruno Hardt-Warden oder Otto Hein und Ernst Wengraf. Die wenigen guten Texter waren bald voll in die Unterhaltungsindustrie integriert und schrieben meist die Liedtexte, weil das im Hinblick auf die Weiterverwertung das lukrativere Geschäft war. Für die Handlungsentwürfe und das Konzept fanden sich meist nur Autoren der zweiten oder dritten Garnitur, die von Dramaturgie oder Theaterwirksamkeit meist wenig Ahnung hatten.

Unter den Textautoren war die Verwendung von Pseudonymen eine weit verbreitete Sitte. Manche hatten dabei politische Motive, wie etwa Robert Gilbert, der für Stolz unter den Namen Hans Hohner oder Rudolph Bertram Texte schrieb, um dem Arbeitsverbot für jüdische Künstler unter der Nazi-Diktatur zu entgehen. Andere arbeiteten oft gleichzeitig für verschiedene Auftraggeber und wählten aus diesem Grund andere Namen. So war etwa Bruno Hardt-Warden ein Pseudonym für Bruno Wradatsch, Kurt Robitschek schrieb auch unter T. Resa Texte für Stolz, und der wirkliche Name des bekannten Victor Léon war Victor Hirschfeld. Robert Weil, ursprünglich ein Wiener Rechtsanwalt, verfaßte unter dem Namen Gustav Holm 1948 die erste Stolz-Biographie und schrieb den Text des frühen Stolz-Liedes *Die Vielseitige* (1914) unter dem Pseudonym Homunculus.

Kaum bekannt ist, daß auch Stolz selbst zumindest ein paar Jahre lang unter mehreren Pseudonymen komponierte. Ein großer Teil der Lieder, die er zwischen 1950 und 1956 schuf, erschien unter den Decknamen Hans Ostwig, Gino Bonelli, Robert Arden oder Fritz Weinhausen. Seine Frau Einzi, die in dieser Zeit viele seiner Liedtexte verfaßte, schrieb diese nicht unter ihrem eigenen Namen, sondern bediente sich dafür männlicher Pseudonyme: Ludwig H. Ulrich und Walter Raining.

Mit diesen Pseudonymen wurde ein richtiges Verwirrspiel betrieben. So wurde beispielsweise für das im Jahre 1951 komponierte Lied *Tanz mit mir am Sonntag* im von Stolz geführten Opusbuch als Komponist zunächst Hans Ostwig angegeben. Als Textautor wurde Ludwig H. Ulrich notiert, dieser Vermerk wieder gestrichen und dafür Walter Raining angeführt. Musik und Text dieses Werkes sind schließlich unter dem Namen Gino Bonelli im Druck erschienen. (Pflicht: S. 206)

Über die Gründe, die Stolz zu dieser Maßnahme greifen ließen, können nur Vermutungen angestellt werden. Die damals geltenden Richtlinien im deutschen Rundfunk erlaubten monatlich nur dreißig Programmeinsätze für einen Autor, so daß man mit Pseudonymen seine Quote drastisch erhöhen konnte. Darin lag möglicherweise ein Motiv für die Wahl von Decknamen. Es könnten im Falle Stolz aber auch die dauernden Tantiemenforderungen seiner damals noch lebenden dritten Frau Josefine Zernitz gewesen sein, die den Komponisten dazu bewogen haben.

Die Kommerzialisierung der Operettenproduktion, die im Grunde schon mit Johann Strauß eingesetzt hatte, erreichte ihren Höhepunkt in den späten zwanziger Jahren. Man gab solche Werke in Auftrag wie einen Anzug. Durch den Erfolgszwang, der durch die schlechte wirtschaftliche Lage noch verschärft wurde, waren die wenigen geistigen Ressourcen bald vollständig ausgebeutet. Niemand wagte es, neue Wege zu beschreiten. War ein Sujet ein Erfolg, fand es sofort eine Reihe von Nachahmern. Dadurch wurden die Operettenlibretti seit Mitte der zwanziger Jahre zunehmend einfallsloser. Sie erzählten eigentlich immer wieder die gleiche Geschichte, wie Karl Farkas einmal treffend angemerkt hat. Alfred Grünwald hat das Dilemma der Operettenschreiber auf den Punkt gebracht: »Es gibt eben nur eine bestimmte Anzahl von Ideen und Handlungen und wir müssen etwas Gutes finden«. Von verstorbenen oder noch lebenden Kollegen textliche oder musikalische Anleihen zu nehmen, gehörte zum Alltag des Operettenbetriebes, wobei fast jeder Täter und Opfer zugleich sein konnte. Vor allem die renommierten Librettisten hatten umfangreiche Privatbibliotheken mit einschlägiger Bühnenliteratur, aus der sie sich ihre Inspirationen holten.

Auch Stolz und sein Textautor Robert Bodansky waren schon zu Beginn ihrer Karriere dem Vorwurf ausgesetzt, sie hätten die Vorlage zur Operette *Das Glücksmädel* (1910) einem Film entnommen, den der Filmpionier Heinz Hanus bereits 1908 mit dem Titel *Von Stufe zu Stufe* gedreht haben will: Annerl, ein Wiener Mädel aus der Vorstadt, erlebt mit dem Grafen Waldheim eine schmerzliche Enttäuschung in der vornehmen Gesellschaft und erlebt danach doch noch ein Happy-End mit ihrem alten Verehrer. Liest man die Inhaltsangabe des Stolz'schen Opus beim Theaterhistoriker Rudolf Holzer nach, dann scheint der Vorwurf des Plagiats zumindest plausibel: »*Das Glücksmädel* war ganz in Art und Inhalt auf alte, konventionelle Volksstückwirkung gestellt; wieder einmal die Geschichte vom feschen Mädel (Anna!) aus der Vorstadt, das mit einem Baron (Waldhofen!) hoch hinaus will und schließlich reuig zu seinem standesgemäßen Verehrer zurückkehrt.« (Holzer: S. 560) Der tatsächliche Sachverhalt läßt sich heute nicht mehr wirklich klären. Aber Hanus war deswegen sein Leben lang auf Stolz nicht gut zu sprechen.

Ähnlich wie bei den Libretti war es bei den Kompositionen. Kaum einer der erfolgreichen Operettenmeister war gegen den Vorwurf gefeit, er hätte sich da oder dort aus dem reichen Fundus der Musikgeschichte bedient. So mußte sich beispielsweise Ralph Benatzky aus diesem Grund wohl nicht ganz unberechtigt den Spitznamen »Benutzky« gefallen lassen. Auch Robert Stolz wußte wahrscheinlich intuitiv, daß »vertraute Originalität« (Alfred Polgar) das Geheimnis erfolgreicher Unterhaltungsmusik ist, und diese konnte oft nur durch Anlehnung an bereits bekannte klassische Melodien erreicht werden. Das hat ihm öfters den Vorwurf eingetragen, er würde »Bekanntes, ja allzu Bekanntes« komponieren. Er revanchierte sich dann immer mit dem Argument, auch andere hätten Melodien von ihm übernommen.

Im Rückblick betrachtet ist wohl beides richtig. Stolz wurde nachkomponiert und hat sich auch in seinem Schaffen von anderen Komponisten inspirieren lassen. So wurde beispielsweise die Melodie *Vater Strauß schau runter* aus dem *Sperrsechserl* durch den Film *Doktor Schiwago* zum Welterfolg: Die die ersten Takte von »Lara's Theme« sind identisch mit der von Stolz bereits fünfundvierzig Jahre früher komponierten Melodie. Auf der anderen Seite glaubt Franz Hertel etwa Ähnlichkeiten zwischen dem Stolz-Chanson *Auch du wirst mich einmal betrügen* und der bekannten Chopin-Melodie *In mir klingt ein Lied* feststellen zu können. Wenig bekannt ist auch, daß *Im Prater blüh'n wieder die Bäume* mit dem stimmungsvollen Text von Kurt Robitschek in der Melodie fast identisch mit dem Valse-Moderato *Ihr Männer im Paradiese* aus der Lehár-Operette *Der Mann mit den drei Frauen* ist, die 1908 im Theater an der Wien uraufgeführt wurde. Stolz hat daran nur wenige Töne geändert. (Linke: S 53)

Egon Friedell konnte dem fortwährenden Wiederkehren ähnlicher Stoffe und nachempfundener Melodien sogar eine positive Seite abgewinnen: »Wenn einmal eine Stockung in der geistigen Entwicklung der Menschen eintritt, so liegt immer der Grund darin, daß zuwenig gestohlen wird«.

Natürlich gab es häufig Plagiatsprozesse.

Als sich wieder einmal zwei junge Komponisten gegenseitig der Urheberrechtsverletzung bezichtigten, wurde Franz Lehár als Sachverständiger geholt. Die beiden Kontrahenten spielten ihre Kompositionen auf einem Klavier im Gerichtssaal vor. Auf die Frage des Vorsitzenden, wer denn jetzt als Geschädigter zu betrachten sei, antwortete Lehár: »Ich würde sagen, Jacques Offenbach«.

Eine neue Zeit sucht ihre Musik

Die Erneuerung der Operette in den zwanziger und dreißiger Jahren fand nur oberflächlich statt. Durch die Einbeziehung von Elementen aus anderen Bereichen der Unterhaltungsmusik verlor dieses Genre seine einheitliche Form und diente oft nur mehr als auswechselbarer Träger für Musiknummern. Die Verbindung zwischen der Handlung und den eingestreuten Schlagermelodien wurde äußerst locker, wodurch sich die einstmals feste Verbindung von Musik und Buch zunehmend auflöste. Die Musik fand ihren Brennpunkt im einzelnen Lied, das als »Nummer« leicht aus dem Gesamtgefüge herauslösbar und so ohne weiteres anderweitig verwertbar wird.

Dies erklärt auch das Phänomen, warum Robert Stolz auf dem Operettensektor trotz des Handikaps seiner meist schlechten Textvorlagen Erfolg hatte. Denn eine seiner Eigentümlichkeiten war es, daß er der Qualität der Libretti – er arbeitete im Laufe seiner langen Karriere mit etwa fünfzig Autoren zusammen –, fast keine Aufmerksamkeit schenkte. Ihn interessierte ausschließlich die Sprachmelodie der Liedtexte, an denen er auch ab und zu mitgearbeitet hat. Der Erfolg seiner Operetten war aus diesem Grund auch im wesentlichen in der melodischen Eingängigkeit der Hauptlieder zu suchen, in denen Musik und Text eine untrennbare Einheit bilden. Viele seiner bis heute bekannten Hits waren ursprünglich Lieder aus Operetten, doch deren Zusammenhang ist heute vollkommen vergessen.

Es ist unbestreitbar, daß Robert Stolz nach Ende des Zweiten Weltkriegs trotz unverminderter Produktivität an seine großen Erfolge nicht mehr anschließen konnte. Denn die neue Zeit war auf der Suche nach ihrem eigenen Rhythmus. Im großen Geschäft mit den Melodien hatten jetzt clevere Manager das Kommando übernommen, die nicht mehr die Herzen der Menschen erreichen wollten, wie es Stolz noch ein Anliegen war, sondern vor allem deren Brieftaschen im Auge hatten.

Da war etwa Gerhard Winkler, der mit dem 1946 neu getexteten Schlager *Die Capri-Fischer*, gesungen von Rudi Schuricke, einen Hit landen konnte, der im Nachkriegs-Deutschland eine wahre Italo-Welle auslöste. Die Verse zu diesem Schmachtfetzen stammten von Ralph Maria Siegel, der als Texter, Komponist und Produzent in wenigen Jahren zu einem Tycoon des Schlagergeschäfts aufstieg. Eine weitere zentrale Stellung im boomenden Business der Unterhaltungsmusik hatte ein Schulfreund von Siegel inne. Kurt Feltz, seit 1948 Hauptabteilungsleiter Musikalische Unterhaltung beim Nordwestdeutschen Rundfunk, war der Schöpfer von Titeln wie *Wer soll das bezahlen* oder *Kriminaltango*. Gleichfalls in allen Teilen des Musikgeschäfts versiert, schuf er ein neuartiges personell-mediales Verbundsystem, von dem vor allem er selbst profitierte. So soll er beispielsweise allein im Jahre 1950 im Gesamtprogramm des NWDR unter nicht weniger als fünfzehn Pseudonymen mit über sechtausend Einsätzen seiner Werke vertreten gewesen sein. (Wicke: S. 232)

Weiter ausgebaut wurde das deutsche Schlager-Business von Hans Rudolf Beierlein, dem langjährigen Manager von Udo Jürgens. Beierlein entdeckte die zentrale Bedeutung der Verwertungsrechte in diesem Geschäft und kaufte beispielsweise bereits in den fünfziger Jahren die Rechte an der *Internationalen* und dann wenige Jahre später die Rechte an dem bereits 1934 entstandenen Seemannslied *Wir lagen vor Ma-*

dagaskar, das in der Interpretation durch Freddy Quinn bis heute eine unvorstellbare Summe an Tantiemen und Lizenzgebühren abgeworfen hat. Im Resultat, schreibt Peter Wicke in seiner Kulturgeschichte der Pop-Musik, »sind Noten und Banknoten eine Symbiose eingegangen, die aus der Produktion von Musik einen volkswirtschaftlich beachtlichen Industriezweig hat werden lassen«. (Wicke: S. 236)

Robert Stolz konnte diesem geschäftigen Treiben aus der Randlage seiner Grinzinger Villa nur noch zusehen. Mitmischen konnte er nicht mehr. »Wie ein mächtiger, verwitterter Praterbaum ragte der alte Robert Stolz in die Sechzigerdekade«, schrieb Bernhard Grun. (Grun: S. 448) Der alte Baum schaffte es zwar noch, neue Blätter und Blüten sprießen zu lassen, aber die Wurzeln waren bereits abgestorben. Seine musikalische Formensprache, die ihren Ursprung in den Traditionen des neunzehnten Jahrhunderts hatte und dem Zeitgeist der Zwischenkriegszeit seinen passenden Ausdruck verliehen hatte, war für die Nachkriegsgeneration wie ein Klang aus einer vergangenen Welt, in dem man sich nicht wiederfinden und daher auch nicht mehr verlieren konnte.

Dies war auch die Folge eines fundamentalen gesellschaftlicher Wandels. Nach Ende des Zweiten Weltkrieges gab es erstmals eine Generation, die sich nicht in einer Kontinuität von ihren Eltern und Großeltern her begriff. Diese neue Generation hatte ihre eigenen Probleme und war dabei, sich von der alten Zeit zu lösen und ihre eigene Lebenswelt zu gestalten. Eine »Erlebnisgesellschaft« war im Entstehen, eine Lebensform, welche die Alltagswirklichkeit durch das explosionsartige Ansteigen von Konsumangebot und Kaufkraft gestaltbar werden ließ. Es entwickelte sich ein neues, jugendliches Selbstbewußtsein, das gegen die alten Werte rebellierte und sich selbst neue Spielregeln gab. Die neue Generation suchte in der musikalischen Unterhaltung nicht mehr Ablenkung von den täglichen Sorgen, sondern definierte sich dadurch ein neues Zeit- und Lebensgefühl. Man tanzte nicht mehr Walzer, sondern Rock 'n Roll, man hörte Elvis Presley, Buddy Holly, Cliff Richard und ging in Filme mit James Dean und Marlon Brando, in denen die Themen der neuen Generation behandelt wurden. Einen hör- und sichtbaren Ausdruck fand dieses neue Lebensgefühl dann in den Beatles, die in ihrem Habitus und mit ihrer Musik das Symbol des neuen Zeitalters wurden.

Auf der Bühne des klassischen Unterhaltungstheaters fand der neue Zeitgeist seinen wirkungsvollsten Ausdruck in den Produktionen amerikanischer Musicals, die Marcel Prawy ab den fünfziger Jahren in der Wiener Volksoper herausbrachte. Die Modellaufführungen von *Kiss Me Kate* (1956), *Wonderful Town* (1956) und *Westside Story* (1968) sowie der Oper *Porgy and Bess* (1965) brachten nicht nur neue Ideen und neue Künstler, sondern bedeuteten für das Publikum eine völlig neue Welt.

Alle diese Produktionen wurden beispiellose Erfolge, weil sie all das boten, was die Operette schon lange nicht mehr bieten konnte: starke Themen, die teilweise aus der Weltliteratur stammten, eine neue Ästhetik und zeitgemäße musikalische Ausdrucksformen. Wenn jetzt statt den Deutschmeistern eine puertorikanische Straßengang über die Bühne der Volksoper marschierte, so hatte das Symbolwert. Die Scheinwelt der Operette hatte ihr letztes Gefecht mit dem wirklichen Leben entgültig verloren. Ein frecher junger Disc-Jockey namens André Heller formulierte damals stellvertretend für die neue Generation im neuen Pop-Radio Ö3: »Robert Stolz ist längst tot, nur hat es ihm noch niemand gesagt«.

Eine Renaissance der Stolz-Musik im einundzwanzigsten Jahrhundert, dreißig Jahre nach seinem Tod, ist nicht absehbar und auch nicht sehr wahrscheinlich. Es leben allein die Melodien einzelner Lieder weiter – solange sich noch erstklassige Interpreten finden, die sich dieser Stücke annehmen.

Ein Pionier der Unterhaltungsindustrie

Anders als mit seinen Bühnenwerken hat Robert Stolz mit seinen Liedern und den Filmschlagern tatsächlich nicht nur große Popularität, sondern auch so etwas wie Beständigkeit erreicht. Was man seiner Komponiertechnik manchmal zum Vorwurf machte – er würde lediglich ein paar Melodien über eine nichtssagende Handlung verstreuen –, kam den Anforderungen des jungen Mediums ideal entgegen. Neben der musikalischen Qualität vieler dieser für den Tonfilm komponierten Schlager erklärt dies seinen raschen Aufstieg zu einem der führenden Komponisten von Unterhaltungsmusik seiner Zeit.

Unter den Komponisten der Unterhaltungsbranche war Robert Stolz in seiner Zeit neben Franz Lehár wohl der größte Melodiker. Dies konnten ihm auch kritische Zeitgenossen kaum absprechen. Er selbst hat sich immer auf Giacomo Puccini berufen, der ihm einmal gesagt haben soll, daß es ohne Melodie keine Musik geben könne. Zudem bemühte er sich, immer volkstümlich zu schreiben und Rücksicht auf die Hörgewohnheiten seines Publikums zu nehmen.

Stolz hat meist auf einen bereits fertigen Text komponiert. Dabei war ihm vor allem die »Schlagzeile« einer Melodie wichtig, sie bildete für ihn den Kern des Liedes. Das machte seine Erfolgsschlager so ins Ohr gehend. Ihn interessierte dabei ausschließlich die Sprachmelodie, die Qualität des Textes hat er schlichtweg nicht beachtet. Spannungen zwischen

Text und Musik, wie sie etwa von Johann Strauß oder Benatzky aufgebaut werden, sind bei Stolz nicht zu finden. Er bezweifelte im Grunde auch die einfältigsten Texte und Handlungsabläufe auf musikalischer Ebene nicht, sondern vertonte sie einfach. (Hertel: S. 83 ff.) Für Stolz-Kompositionen gilt in hohem Maße die Bemerkung von Alfred Grünwald, die Musik sei »eine Kokotte, bereit, mit jedem Text zu flirten«.

Neuheiten rhythmischer Art wurden von Stolz aufgenommen, ohne den Duktus der Musik aufzubrechen. Dadurch wirkten seine Melodien immer vertraut, ohne wirklich modern zu sein. Was den Vorteil hatte, daß sie auch nicht so rasch veralten konnten wie moderne Kompositionen und einen hohen Erinnerungswert hatten. Zudem bediente er sich in seinen Kompositionen der Technik des ständigen Wiederholens von Motiven und sogar ganzen Nummern, wodurch die Musik einprägsam wird.

Vom Text her kreisen die Stolz-Lieder fast ausschließlich um Liebe, Erotik, das persönliche Glück oder den schmerzvollen Verzicht darauf. Oft beschwören sie auch eine weitgehend fiktive »gute alte Zeit«, besingen ein idealisiertes Wien und den Wein. Einem Germanistikseminar würden diese Texte in ihrer Banalität natürlich nicht standhalten. Aber ihr Wirkungspotential läßt sich durch einen intellektuellen Zugang nicht erschließen. Schlager richten sich an Menschen, die nicht auf der Suche nach Sinn, sondern nach Glück sind. Sie funktionieren wie jede wirkungsvolle Unterhaltungsmusik nach dem Prinzip der Identifikation, indem sie auf eine wirkungsvolle Weise Emotionen ausdrücken, zu denen der einzelne nicht fähig ist. Sie sind nicht für das Hirn, sondern für das Herz konzipiert und als eine ideale Projektionsfläche für latente Wünsche und Sehnsüchte breiter Bevölkerungsschichten zu verstehen, auf welche die Musik passen muß wie ein Maßhandschuh.

Mit seiner konservativen Kompositionstechnik hebt sich Robert Stolz deutlich von seinem Zeitgenossen und Hauptkonkurrenten Ralph Benatzky ab, dessen beste Musik immer intellektueller und eckiger, aber damit auch interessanter klingt. Benatzky hatte sich 1926 in der Wiener Zeitschrift »Die Bühne« Gedanken über die Wirkungsweise des Schlagers gemacht. Für ihn, der nie Schlager schreiben wollte und dieses Wort haßte, war das Geheimnis dieses Genres die »absolute, selbstverständliche, ungekünstelte, vollkommen natürliche Übereinstimmung von Text und Musik s… ein Ins-Ohr-Gehen, aber auch ein Nicht-zu-sehr-ins-Ohr-Gehen, … irgendeine aparte, überraschende oder zumindest unerwartete harmonische oder rhythmische, aber ja nicht melodische Wendung und … die richtige Länge oder Kürze des ganzen Opus … Die reizendste Melodie, der charmanteste Text gehen oft unbeachtet vorbei; auch die reine Banalität macht es nicht aus, der kleine Tonumfang, die Schlichtheit. Dieser ›Schlager‹ ist auf einmal da, er muß nicht einmal neu sein, öfters liegt er drei oder auch mehrere Jahre unbeachtet und verstaubt im Fach eines Musikalienhändlers, bis er, ohne ersichtlichen Grund, plötzlich ›aus heiterem Himmel‹ populär wird«. (Hennenberg: S. 99)

Robert Stolz hat sich im Gegensatz zu Benatzky über das Erfolgsgeheimnis seiner Melodien kaum Gedanken gemacht. So erschienen ihm etwa die Welterfolge seiner frühen Lieder wie *Servus Du* oder *Salome* noch in seinen Erinnerungen absolut unverständlich. Die spezifische Kunst des Komponisten Robert Stolz war es, gefällig und trotzdem einprägsam zu schreiben. Vielen seiner Lieder hat er »die Illusion einer traditionellen Form« verliehen, wie Franz Hertel formuliert, so daß sie heute noch in ihrer ursprünglichen Gestalt Bestand haben. (Hertel: S. 140 f.) Dies gilt besonders für seine volkstümlichen Lieder, die wahrscheinlich gerade deshalb in den Volksliedschatz Eingang gefunden haben. So formulierte Hans Weigel in einer Laudatio: »Wer kümmerte und kümmert sich darum, daß es ein Lied von Robert Stolz ist? Es ist ein Wienerlied. In die Anonymität des Volkslieds einzugehen ist der höchste Erfolg, der einem, der in Tönen spricht, auf dieser Erde beschieden sein kann«.

Als Komponist war Robert Stolz kein Avantgardist oder Neuerer. Neue Harmonien oder Dissonanzen, etwa aus dem Jazz, hat er zwar rasch aufgegriffen, immer aber hauptsächlich als Stimmungsmittel eingesetzt. Der typische Stolz-Sound ist melodisch und weich, die Harmonien gerade seiner Erfolgsstücke sind äußerst einfach: »Stolz meidet den Gefühlsüberschwang, hübsche, saubere Melodien plätschern auf flotten Rhythmen offenbachisch dahin«. (Schnoor: S. 423)

Ohne die rasante Entwicklung des Radios und des Tonfilms wären die Erfolge von Robert Stolz allerdings nicht möglich gewesen. Musikfilme waren im Deutschland der dreißiger Jahre ein absoluter Publikumsrenner, und Operettensendungen waren schon ab den zwanziger Jahren die beliebtesten Radioprogramme, denn das neue Medium des Hörfunks kam einem latenten Publikumsbedarf nach Entspannung und Zerstreuung entgegen. In den späten zwanziger Jahren gab es in Deutschland bereits über eine Million angemeldete Radioapparate, diese Zahl stieg bis 1935 auf über zehn Millionen Rundfunkteilnehmer. Der Musikanteil am Gesamtprogramm lag in diesen Jahren konstant über zwei Drittel.

Das Radio war also ideal geeignet, Musiknummern zu Schlagern zu machen. Mit dem Aufkommen des Tonfilms verstärkten sich diese Möglichkeiten noch einmal um ein Vielfaches. Der Musikschriftsteller Oscar Bie schrieb bereits 1931 in der Zeitschrift »Die Woche«: »Die Musikalisierung der Welt durch den Tonfilm ist beispiellos. Der Schlager hat heute im Tonfilm seine schnellste und sicherste Ausbreitung. Man trifft ihn von früh bis abends. Man hört ihn vom Lautsprecher, er erklingt aus einem Fenster vom Grammophon, er paradiert in den Musikalienhandlungen, er ist auf den Litfaßsäulen angeschlagen, der Berliner Schusterjunge singt ihn, der Arbeiter hat ihn im Munde, wenn er heimkehrt, die jungen Damen trällern ihn beim Tee, er wird zum Tanz aufgespielt, er annonciert sich in den Zeitungen, er liegt dem Theaterprogramm bei, er wird in eine Revue eingeschoben und in einer Operette parodiert«.

Insbesondere der Erfolg der ersten Musikfilme löste in Deutschland einen heute unvorstellbaren Boom aus. Auf einmal waren die Stars der musikalischen Unterhaltung auch für den Durchschnittsbürger gleichsam leibhaftig präsent, man mußte nicht mehr in ein Theater oder ein teures Vergnügungsetablissement gehen, um Marlene Dietrich oder Marika Rökk, Jan Kiepura oder Richard Tauber bewundern zu können. Die Schlager, die sie sangen, bekamen durch den Tonfilm gleichsam ein Gesicht. Allein 1930 entstanden gleich drei Filme mit dem Superstar Richard Tauber in der Hauptrolle: *Ich glaub' nie mehr an eine Frau*, *Das lockende Ziel* und *Das Land des Lächelns*, jeweils unter der Regie von Max Reichmann. Robert Stolz selbst schrieb noch im selben Jahr die Musik zu nicht weniger als neun weiteren Filmen.

Ob *Zwei Herzen im Dreivierteltakt* (Premiere im März 1930) tatsächlich als erster europäischer Musikfilm gelten kann, ist eine Definitionsfrage. Stolz und alle seine Biographen haben dafür das »Erstgeburtsrecht« reklamiert. Nach dem Premierendatum muß allerdings die UFA-Produktion *Liebeswalzer* (Premiere im Februar 1930) als erste Produktion dieses Genres gelten, und im Herzen der Cineasten wird wohl *Die Liebesparade* diesen Platz einnehmen. Dieses Meisterwerk von Ernst Lubitsch wurde schon 1928 in

Amerika produziert, ist aber dem Charakter nach europäisch und könnte so mit gleichem Recht als der erste europäische Musikfilm gelten.

Die Musikfilme übernahmen bereits von Beginn an die Funktion eines Narkotikums. Sie konnten die Menschen von ihrer tristen Alltagssituation ablenken und sie für kurze Zeit in eine Traumwelt führen. Daher war die Fließband-Produktion dieser Erzeugnisse bereits vom Beginn an vehementer Kritik ausgesetzt: »Kaum war der Tonfilm da, so siegte der Bluff über die Qualität«, schrieb Rudolf Arnheim bereits 1930. Auch die Argumente waren von Anfang an klar: Es würden fast ausschließlich Klischees bedient, und die Banalität der Stories sei oft kaum zu unterbieten. Qualitätsarbeit und Innovation blieben notgedrungen auf der Strecke.

In die gleiche Kerbe schlug Ralph Benatzky, der nach einem Kinobesuch im selben Jahr gegen die deutsche Filmindustrie wetterte. Sie sei »aus Desperados, Verbrechern, Cretins und Imbécils zusammengewürfelt, die auf die Oberdummheit der Massen spekulieren«. Und er prophezeite, »noch eine Saison Produktion von solchem Scheißdreck« und die Leute würden die Kinos meiden und die Branche würde zusammenbrechen: »Dieses gewissenlose Pack muß endlich einmal erkennen lernen, daß man das eminente Mittel eines Tonfilms nicht nur für Lausbübereien verprostituieren darf«. (Hennenberg: S. 153)

Sehr hart fällt auch das Urteil des Filmhistorikers Jerzy Toeplitz über die deutschen Musikfilme dieser Jahre aus: »Mit Film, geschweige denn mit Filmkunst hatten solche Erzeugnisse natürlich nichts gemein«. (Toeplitz: S. 61)

Robert Stolz hat über die politische Wirkung der Musikfilme nie nachgedacht. Er komponierte Filmmusik, wie er vorher Operettenmusik komponiert hatte, immer auf den latenten Bedarf eines nach Zerstreuung verlangenden Massenpublikums gerichtet. Die damit verbundene Problematik war ihm nicht einmal in der Rückschau bewußt:

Während »Zwei Herzen« sein triumphales Debüt feierte und der Frühling die prachtvollen Berliner Linden zu neuem Leben erwachen ließ, standen Millionen deutscher Arbeiter vor den Arbeitsämtern Schlange. Die politischen und wirtschaftlichen Wolken ballten sich zusammen – drohender als die meisten von uns ahnten. Ich habe mir, wie viele andere Menschen auch, leider nur selten Gedanken über die Politik gemacht. Noch zu Beginn des Jahres 1930 sagte mir der Name Adolf Hitler fast gar nichts. Ein unwichtiger gehässiger Mensch, dachte ich allenfalls, ein Ärgernis, mit dem man am besten fertig wird, indem man es kaum beachtet. … Doch im März 1930 war ich noch ganz ahnungslos. … Schließlich ging es mir so gut wie noch nie zuvor, dazu bereitete meine Musik, meine Filmarbeit zahllosen Menschen inner- und außerhalb der deutschen Grenzen Freude – besonders denen, die sich in diesen harten Zeiten kaum eine andere Unterhaltung leisten konnten als hin und wieder mal einen Kinobesuch. Dort, in der abgeschlossenen Welt des Lichtspieltheaters … konnten sie ihr Sorgen wenigstens für kurze Zeit vergessen. (Stolz: S. 300)

Ein Film aus diesem Schaffensabschnitt von Robert Stolz ragt in seiner Qualität aus der Massenproduktion der tönenden Unterhaltungsware heraus: *Das Lied ist aus*, wieder in Zusammenarbeit mit Walter Reisch unter der Regie von Géza von Bolvary entstanden, hatte zwar nicht den enormen Publikumserfolg von *Zwei Herzen im Dreivierteltakt*, ist aber aus filmhistorischer Sicht weitaus höher einzuschätzen. Walter Reisch selbst charakterisierte dieses Opus in einem Interview mit dem Filmjournalisten Thomas Elsaesser lapidar als »one of the most important pictures ever made in Germany. Just like a Noel Coward play, very elegant, three or four characters, a few songs, no spectacle whatsoever and practically no location work. It was Willi Forst's first serious part, the music was by Robert Stolz«. (»Als die Filme singen lernten«: S. 86)

Die Handlung dieses Films ist im Milieu eines Operettentheaters angesiedelt und kreist um die Person einer Sängerin. Es ist eine Komödie ohne Happy-End, in Form eines intimen Kammerspiels, »gewürzt mit der gehörigen Prise Weltschmerz, die man von den ›Wien-Filmen‹ oder dem Willi-Forst-Genre mit dem bittersüßen Verzichtsgestus fast erwartet«. (»Als die Filme singen lernten«: S. 91) Außer bei einem Auftritt der Hauptdarstellerin Liane Haid, die in einer Bar *Adieu mein kleiner Gardeoffizier* singt, wird die Musik von Robert Stolz in diesem Film fast leitmotivisch und als Kommentar eingesetzt. Das gilt vor allem für das Lied *Frag nicht, warum ich gehe … Das Lied ist aus*, welches dem Film auch den Titel gab. Daß diese zwei Lieder wenig später bereits Weltschlager wurden, spricht allerdings für die phänomenale Begabung ihres Komponisten, Musik mit einem derartigen Verwandlungspotential zu schreiben.

Das Lied ist aus ist eigentlich kein Operetten- und auch kein Musikfilm. Es kann aber als ein Versuch gewertet werden, die charakteristischen Merkmale von Operette für den Tonfilm produktiv zu machen: »Allen voran wäre dies die Einsicht«, schreibt Thomas Elsaesser in seiner Analyse, »daß weder Operette noch Tonfilm auf eine Welt außerhalb ihrer selbst verweisen und dennoch, anders als die Werkimmanenz der autonomen Kunst, gerade durch das kommerzielle Moment ihrer Daseinsberechtigung durch und durch vergesellschaftlicht sind«. (»Als die Filme singen lernten«: S. 101)

Dieses Entstehen einer neuen, auf gesellschaftliche Bedürfnisse bezogenen Kunstform, der ersten mächtigen Manifestation einer Populärkultur im deutschsprachigen Raum, hat Theodor W. Adorno in seiner »Einleitung in die Musiksoziologie« negativ bewertet. Er stößt sich vor allem an der Funktion der Schlager als Gefühlsersatz. Adorno hat dabei bereits die »abscheulichen Ausgeburten der Wiener, Budapester und Berliner Operette« im Visier, denen er nur in Ausnahmefällen etwas Positives abgewinnen kann: »Aus dem schmutzigen Strom tauchte nur gelegentlich etwas locker Anmutiges auf, wie manche Melodien von Leo Fall oder ein paar authentische Einfälle von Oscar Straus«, schreibt Adorno und dehnt seine Kritik auf die modernen Erscheinungsformen der populären Unterhaltungsmusik aus, die ihm im Sinne eines aufklärerischen Kulturideals verderblich erscheinen müssen.

Ohne Robert Stolz oder andere beim Namen zu nennen, muß Adorno aber auch zugeben, daß manchen Schlagern eine spezifische, schwer zu umschreibende Qualität innewohnt, die von den Hörern honoriert wird. Fast ohnmächtig beklagt er die Verschwendung von Interpreten bedeutenden Ranges an solche Produkte, die ihrer unwürdig sind. Das hat Joseph Schmidt, Richard Tauber, Marlene Dietrich, Martha Eggerth und andere nicht davon abgehalten, diese Schlagermelodien in ihr Repertoire aufzunehmen, sie im Radio zu singen und auf Schallplatten zu konservieren. Sie alle fügten sich ein in die Verwertungsmechanismen der damals entstehenden Kulturindustrie und der industriellen Reproduktionsbedingungen.

»Schlager erfüllen in einer ihrer Zeit jeweils angemessenen Form eine ebenso unerläßliche wie unersetzbare Funktion«, schreibt der Musikwissenschaftler Peter Wicke. »Sie produzieren den emotionalen Zusammenhalt, der gegen die

Zumutungen des Fortschritts resistent macht und das Unabänderliche hinzunehmen hilft. Dafür mobilisieren sie mit klanglichen und rhythmischen Besonderheiten ihrer Melodiengestalt ein direktes oder medienvermitteltes, gleichsam virtuelles tönendes oder stummgeschaltetes Miteinander, in dem sich diese Funktion erfüllt«. (Wicke: S. 229) Diesen Gesetzmäßigkeiten hat sich auch Robert Stolz unbewußt unterworfen. Er hatte zweifellos ein gutes Gespür für Trends und Moden, ein rasches Reaktionsvermögen und die Fähigkeit, mit seiner Musik tatsächlich die Bedürfnisse breiter Schichten der Bevölkerung anzusprechen.

Robert Stolz hatte seine beste Zeit in den zwanziger und dreißiger Jahren. Die Dimensionen seines Erfolgs waren damals sogar nach heutigen Kriterien spektakulär. Allein vom Walzer *Zwei Herzen im Dreivierteltakt* wurden in wenigen Jahren über sieben Millionen Klavierausgaben verkauft. Der Text wurde in viele Sprachen übersetzt und auf der ganzen Welt, auch in China und Japan, gespielt. Die amerikanische Musikzeitschrift »Colliers« erstellte Jahre später ein Ranking, in dem dieser Walzer gleich nach dem Donauwalzer von Johann Strauß an zweiter Stelle gereiht wurde. Und noch in einer Liste der »Top Pop Songs Around the World«, welche von der amerikanischen Fachzeitschrift »Variety« 1967 erstellt wurde, finden sich unter den siebenundzwanzig gereihten deutschen Titeln sieben Lieder von Robert Stolz und unter den dreizehn österreichischen Top Songs dieses Jahres drei seiner Schlager.

Diese Songs waren aber alles »Evergreens« aus der großen Zeit des Komponisten. Die Versuche von Robert Stolz, in den fünfziger und sechziger Jahren den Anschluß an die modernen Schlager-Trends zu finden, waren weniger erfolgreich. So waren etwa einige Lieder aus dem 1955 entstandenen Musical *Signorina*, wie *Arrivederci, bella Italia*, ein nicht sehr erfolgreicher Versuch, auf die Italo-Welle aufzuspringen. 1960 riskierte es Stolz sogar, mit einer eigenen Komposition am »Song Contest« der Eurovision in London teilzunehmen. Sein Lied *Du hast mich so fasziniert*, gesungen von Harry Winter, konnte aber nur einen Platz im Mittelfeld erreichen.

Als ein Kuriosum besonderer Art muß der 1968 entstandene *Chain Locker Rock* gelten. Stolz wollte damit offensichtlich beweisen, daß er auch noch Musik für die junge Generation zu schreiben imstande sei. Das Coverphoto der damals entstandenen Schallplatte zeigte den bereits achtundachzigjährigen Altmeister verlegen lächelnd inmitten von vier Herren, kostümiert als »The Beatniks«, die eine laut-lärmende Interpretation eines phantasielosen Rock 'n' Roll ablieferten.

Trotz der gewaltigen Zahl seiner Bühnenwerke war Robert Stolz nicht der letzte Meister der Wiener Operette, als der er sich selbst gerne gesehen hat. Diese Bezeichnung trifft eher auf den gleichfalls in diesem Metier erfolgreichen Nico Dostal zu, der Stolz um einige Jahre überlebt hat. Er muß aus heutiger Sicht als einer der ersten bedeutenden Exponenten der aufkommenden Unterhaltungsindustrie gelten, dessen Leistung vor allem in der Transformation der traditionsgebundenen Formen der Unterhaltungsmusik auf die Filmleinwand und in das Radio, und dann später in das Medium der Eisrevue lag. Wenn Franz Lehár das Ticket für den Eintritt der Operette in die moderne Massenkultur gelöst hat, dann hat Robert Stolz mit seiner Film- und Schlagermusik als einer der ersten darin seinen Platz gefunden und diesen lange Jahre an führender Stelle behaupten können.

Der »Evergreen« und seine Muse

Im letzten Lebensjahrzehnt:
das Lieblingsfoto
des Autors

Das Begräbnis am Zentralfriedhof, 1975

†

IN TIEFER TRAUER GEBE ICH NACHRICHT,
DASS MEIN INNIGSTGELIEBTER MANN,

ROBERT STOLZ

BESITZER ZAHLREICHER HOHER IN- UND AUSLÄNDISCHER
AUSZEICHNUNGEN
EHRENBÜRGER VON WIEN, GRAZ
UND VIELEN ANDEREN STÄDTEN

FREITAG, DEN 27. JUNI 1975, IM 95. LEBENSJAHR
VON MIR GEGANGEN IST.

DIE TRAUERFEIER FINDET
FREITAG, DEN 4. JULI 1975, UM 15 UHR
IN DER HALLE II DES WIENER ZENTRALFRIEDHOFES STATT.
(EINGANG ZWEITES TOR RECHTS)

NACH FEIERLICHER EINSEGNUNG ERFOLGT DIE BEISETZUNG
IN EINEM EHRENGRAB DER STADT WIEN.

DAS HEILIGE REQUIEM WIRD SAMSTAG, DEN 5. JULI 1975, UM 9 UHR IN DER BASILIKA ZU UNSERER LIEBEN FRAU ZU DEN SCHOTTEN (SCHOTTENKIRCHE, WIEN I, FREYUNG 6) ZELEBRIERT.

EINZI STOLZ

IM NAMEN ALLER VERWANDTEN

WIEN, IM JUNI 1975
1190 HIMMELSTRASSE 69

IM SINNE DES VERSTORBENEN BITTE ICH, VON BLUMENSPENDEN ABSTAND ZU NEHMEN UND DEN HIERFÜR VORGESEHENEN BETRAG DEM SOS KINDERDORF PSPK. KTO. 1000.009 ODER DER CARITAS DER ERZDIÖZESE WIEN PSPK. KTO. 7700.004 ZU WIDMEN.

Fünfter Teil: Eine Legende entsteht

Vermehren von Glanz und Gloria

»So wurde sein fast ein ganzes Jahrhundert umfassendes Künstlerleben zum Symbol einer in Traditionen wurzelnden, bewahrenden und doch zeitgemäßen künstlerischen Kraft«, schrieb Stephan Pflicht resümierend im Begleittext zu einer Schallplattenedition, die im Jubiläumsjahr 1980 herauskam. »Trotz gewaltiger Umbrüche des gesellschaftlichen, politischen und kulturellen Lebens seines Jahrhunderts symbolisiert Robert Stolz als Persönlichkeit und schöpferischer Künstler eine heile Welt der Melodie«.

Seine Witwe Einzi Stolz hat es sich nach dem Tod des Komponisten zur Lebensaufgabe gemacht, das Andenken an ihren geliebten Robert wach zu halten: »Richard Wagner hat Bayreuth, Mozart Salzburg, Stolz hat mich«. Mit diesem Selbstverständnis arbeitet die Witwe des Komponisten seit dem Tod von Robert Stolz daran, ihrem verstorbenen Gatten ein »künstlerisches Weltmonument« (Marcel Prawy) zu errichten. Sie selbst schreibt dazu:

Heute bin ich eine Frau mit einer Mission, die der liebevollen Betreuung und weltweiten Verbreitung der Werke von Robert Stolz gilt. Ich bin überzeugt, daß die Werke Roberts schon durch ihre qualitative Substanz unsterblich sind. (Stolz: S. 516)

Dieses Bemühen hat im Laufe der Jahre Ausmaße angenommen wie bei keinem anderen Komponisten vor und nach ihm. Die Verdienste von Einzi Stolz sind dabei unbestritten. Sie sorgte vor allem dafür, daß seine Werke sorgfältig orchestriert und daß alles Notenmaterial gedruckt wurde; das sind bis heute über achthundert Einzeltitel, wie dem sorgfältig edierten Werkkatalog von Stephan Pflicht zu entnehmen ist.

Immer wieder wurde und wird Einzi Stolz bei Rundfunkstationen vorstellig, um die Stolz-Musik in die Programme zu bringen. Sie setzte sich für Fernsehsendungen ein und drängte »stündlich und minütlich Sänger, Kapellmeister, Plattenfirmen, Rundfunkanstalten Stolz-Melodien zu spielen. Zu Weihnachten verschicke ich fünfzigtausend Grußkarten und jährlich tausende Schallplatten. Nur so wurde es möglich, daß man selbst auf den Seychellen Stolz spielt«, bekannte Einzi gegenüber der »Kronen Zeitung«.

Die unermüdlichen Bemühungen Einzis, »Glanz und Gloria von Robert Stolz zu mehren«, sind, alles in allem genommen, äußerst erfolgreich gewesen. Senta Ziegler resümierte im Mai 1994 in der Zeitschrift »News«: »Als ›Promotions-Naturtalent‹ (so die treffliche Selbsteinschätzung) hat sie ihm mehr als alle anderen reichen Witwen posthume Omnipräsenz in Plattenindustrie, Rundfunkanstalten, Konzertsälen und Opernhäusern gesichert.«

Höhepunkt dieser Aktivitäten war das Jahr 1980, in dem die hundertste Wiederkehr des Geburtstages von Robert Stolz gefeiert wurde. Zur Einstimmung veröffentlichte der österreichische Bundespressedienst 1979 eine offizielle Broschüre in fünf Sprachen, in denen Leben und Werk des Komponisten dokumentiert wurde. 1980 folgten zahlreiche Fernseh- und Radiosendungen. Die BBC, RTL in Deutschland, das Niederländische Fernsehen und natürlich der ORF brachten Gedenksendungen. Das ZDF strahlte eine große Fernsehshow mit dem Titel *Danke Robert Stolz* aus, in der unter anderen René Kollo, Hermann Prey, Anneliese Rothenberger, Milva und Peter Alexander mitwirkten.

Das Theater an der Wien zeigte gleichfalls im Jubiläumsjahr die Show *Robert Stolz und sein Jahrhundert*, nach einer Idee von Marcel Prawy. Diese Show, bereits 1977 in Graz präsentiert, wurde vom Theater des Westens in Berlin übernommen, während eine zweite Produktion mit dem Titel *Servus Du* durch ganz Zentraleuropa tourte. Es gab natürlich zahlreiche Konzerte, darunter *Frühling in Wien*, durch den ORF via Eurovision nach ganz Europa übertragen. Die Revue *Servus Du* wurde anschließend in das Repertoire der Wiener Volksoper übernommen und erst 1995 – nach vier Jahren und insgesamt zweiunddreißig Vorstellungen – sehr zum Leidwesen von Marcel Prawy aus Kostengründen abgesetzt.

Ausgelöst durch eine Show, die das ostdeutsche Fernsehen 1979 unter dem Titel *Komm in den Park von Sanssouci* produziert hatte, gab es in den achtziger Jahren in der DDR eine beachtliche Robert-Stolz-Renaissance. Diese Sendung war eine der erfolgreichsten Shows in der Fernsehgeschichte und wurde in über fünfzig Länder verkauft. In der Folge brachten achtundzwanzig Theater in der DDR zwischen 1980 und 1987 ähnliche Robert-Stolz-Revuen auf die Bühne. Seine Operette *Tanz ins Glück* wurde 1984 an der Musikalischen Komödie in Leipzig neu inszeniert und war dort jahrelang im Spielplan. 1987 gab es im selben Theater *Die Trauminsel* zu sehen. Das Stadttheater in Gera brachte 1984 *Zwei Herzen im Dreivierteltakt*. Diese Operette wurde dann 1988 auch am Berliner Metropoltheater gezeigt. Die Staatsoperette Dresden produzierte im selben Jahr das Lustspiel *Die drei von der Donau*. In Rostock gab es 1985 *Ein kleiner Schwindel in Paris* in der Bearbeitung durch den Stolz-Biographen Klaus Eidam zu sehen, und 1995 das Musical *Schicksal am*

Montmartre in einer Neufassung von Sepp Tatzel. Über die Aufführung von *Ein kleiner Schwindel in Paris* schrieb der Kritiker von »Theater in der Zeit«, dem Organ des Verbandes der Theaterschaffenden der DDR: »Robert Stolz' Musik hat Schwung, Witz, bekennt sich zu Melodie und Sentiment, ist spritziger Partner und gefühlvoller Begleiter, kurz, hat all das, was ein musikalisches Lustspiel, das in Paris spielt, sein sollte.« (Eidam: S. 255 f.)

Ein schöner Erfolg in jüngster Zeit war die Eroberung des chinesischen Marktes. »Robert Stolz erobert China«, berichtet die »Kronen Zeitung« am 1. Mai 1990. Ausgelöst durch ein Neujahrskonzert des Chinesischen Philharmonischen Filmorchesters, das vom Fernsehen übertragen wurde, entdeckte das Reich der Mitte die Musik des »dritten Walzerkönigs« nach Strauß und Lehár. Es folgten weitere vom Fernsehen übertragene Konzerte und Radiosendungen mit der für chinesische Ohren »lieblich klingenden Musik«.

Im Jahre 1980, also fünf Jahre nach dem Tod des Komponisten, erschien auch die Autobiographie *Servus Du*. Dieses Buch nennt zwar Robert und Einzi Stolz als Autoren, wurde aber in Wahrheit nach vorliegenden Tonbandaufzeichnungen zusammengestellt und mit einer Darstellung der Jahre nach 1946 durch Einzi Stolz ergänzt. Dieser autobiographische Erinnerungsband enthält zwar viele gute Geschichten und liest sich unterhaltend, hat aber mit seiner Ausschmückung von Wahrheit und Unwahrheit wesentlich zur Legendenbildung um den Komponisten beigetragen.

Einzi Stolz versuchte aber nicht nur, das Interesse an Stolz bei Konzertveranstaltern und Rundfunkanstalten wachzuhalten, sondern sorgte auch für seine Präsenz im öffentlichen Raum. Robert-Stolz-Denkmäler stehen heute in Graz (schon seit 1972), in Lüneburg, Wiener Neustadt, St. Wolfgang, Baden-Baden sowie an zwei Orten in Wien: im Stadtpark und in Grinzing. Straßen und Plätze, die seinen Namen tragen gibt es in Graz (seit 1947), in Wien, Linz und Klagenfurt, in den deutschen Städten Darmstadt, Heilbronn, München, Hamburg, Köln, Düsseldorf, Saarbrücken, Wiesbaden, Neustadt an der Weinstraße, Lüneburg, Monheim, Lippstadt und Dortmund sowie in Miami.

Es gibt eine »Robert-Stolz-Promenade« im Grazer Stadtpark und eine Wohnhausanlage in Wiener Neustadt, die seinen Namen trägt, einen »Robert-Stolz-Park« in Berlin-Grunewald und einen »Robert-Stolz-Wald« in Israel. Züge und Schiffe wurden nach ihm getauft, gleichfalls die VIP-Lounge am Flughafen Graz und eine Rosensorte. Und natürlich gibt es weltweit zahlreiche Robert-Stolz-Clubs und gleich mehrere Robert-Stolz-Homepages im Internet.

Robert Stolz war auch ein prominenter Philatelist. Er erhielt posthum die »Trophy for Music Philately«. Zahlreiche Briefmarken aus Österreich, Deutschland, San Marino, Nordkorea und Paraguay tragen sein Porträt oder zeigen Motive aus seinem musikalischen Schaffen.

Seine Geburtsstadt Graz hat 1978 ein kleines Museum eingerichtet, und in seiner Wiener Wohnung, welche die Witwe 1980 der Stadt Wien schenken wollte, sollte gleichfalls eine Stolz-Gedenkstätte entstehen. Mit diesem Plan hatte Einzi Stolz allerdings bis heute keinen Erfolg. »Ich habe alles der Gemeinde Wien vermacht, weil das Erbe Roberts weiter bestehen soll«, vertraute sie nach dem Tode ihres Gatten den Medien an. Diese großzügige Geste hatte allerdings von Anfang an einen handfesten Haken. Das herrschaftliche, vierhundert Quadratmeter große Domizil im zweiten Stock eines vom Fürsten Liechtenstein erbauten Ringstraßen-Palais gehört ihr nicht, es ist nur gemietet, und zwar zu außerordentlich günstigen Friedenszins-Konditionen von nicht einmal fünfhundert Euro pro Monat inklusive

Betriebskosten, wie der Zeitschrift »News« im Mai 1994 zu entnehmen war.

Das Ehepaar Stolz wohnte in den letzten Lebensjahren des Komponisten in einem kleinen Haus in der Grinzinger Himmelstraße und benützte die Stadtwohnung nur zu Repräsentationszwecken. Nach dem Tode von Robert Stolz meldete der Hauseigentümer, eine Schweizer Immobiliengesellschaft, Eigenbedarf an. Was Einzi dazu veranlaßte, sofort zu übersiedeln und die Wohnung wieder in Besitz zu nehmen, wie sich ein ehemaliger Mitarbeiter erinnert. Als Einzis Pläne bekannt wurden, legte der Hauseigentümer im Interesse der Mieter, die eine Verschlechterung der Wohnqualität durch einen Museumsbetrieb befürchteten, dagegen sein Veto ein. Die Gemeinde Wien mußte daher die Schenkung ablehnen: »Robert Stolz wäre schon eine Persönlichkeit, die eine Gedenkstätte wert wäre. Aber Frau Stolz könnte dieses Museum ja auch auf privater Basis betreiben. Wir können jedenfalls erst aktiv werden, wenn der Hausherr mit einer Gedenkstätte überhaupt einverstanden ist«, so die Ansicht des zuständigen Beamten.

Anläßlich ihres neunzigsten Geburtstags unternahm die Stolz-Witwe, unterstützt von einigen Medien, einen neuerlichen Versuch, die Gedenkstätte doch noch Wirklichkeit werden zu lassen. Es wäre ihr Herzenswunsch, vertraute sie der »Kronen Zeitung« am 22. Mai 2002 an, »und ich weiß, daß es auch Roberts Herzenswunsch wäre. Und daher kämpfe ich weiter«.

An der grundsätzlich ablehnenden Position des Hauseigentümers und der Mieter hat sich bis heute nichts geändert. Unter der Hand war zu erfahren, daß die Kulturpolitiker Wiens auch fürchten, mit einem Stolz-Museum einen Präzedenzfall zu schaffen, der Nachfahren oder Erben anderer prominenter Persönlichkeiten dazu motivieren könnte, Gleiches zu versuchen.

Der »Evergreen« wird zum »Punschkrapferl«

Eine Legende entsteht

Ob Einzi Stolz' unermüdliche Aktivitäten dem Werk ihres Gatten wirklich genützt haben, ist eine offene Frage. Kenner der Materie bestätigen, daß es neben der unbestreitbaren Qualität von Teilen seines umfangreichen Œuvres vor allem die geschickte Vermarktung war, die dem Werk von Stolz seine erstaunliche Langlebigkeit gesichert hat. Stolz zählte zumindest bis in die achtziger Jahre neben Johann Strauß und Franz Lehár zu den meistgespielten Komponisten der leichten Muse. Ohne die unermüdliche, bisweilen als aufdringlich empfundene Promotion hätte Stolz heute nur noch einen wesentlich geringeren Stellenwert, vergleichbar etwa mit der aktuellen Bedeutung seiner Generationskollegen Ralph Benatzky oder Paul Abraham.

Wie bei kaum einem anderen Komponisten wurden im Fall von Robert Stolz Person und Werk durch die Medien im öffentlichen Bewußtsein zu einer Einheit. So wie Stolz seine Stimmungen und Lebenserfahrungen in seiner Musik zum Klingen brachte, wurde in seinen späteren Jahren seine musikalische Botschaft, zumindest für die Öffentlichkeit, auch zur Lebensphilosophie. Wien, die Liebe, der Wein und eine glücklich lächelnde Gemahlin im Hintergrund – Robert Stolz wurde für das breite Publikum eins mit den Bildern, die er in seiner Musik vorgezeichnet hatte: der letzte Überlebende einer versunkenen guten alten Zeit, ein »personifizierter Evergreen«, der »letzte Wiener Operettenkönig«, der seine geliebt Wienerstadt in zahllosen Melodien immer wieder aufs neue besungen hat.

Die zur Färbung dieses Bildes erforderliche Legendenbildung um Robert Stolz hat noch zu Lebzeiten des Komponisten eingesetzt. Dafür gab es zunächst einmal politische Gründe. Stolz war eine der wenigen Persönlichkeiten aus dem kulturellen Bereich, die von den Nazis nicht umgebracht oder in die Emigration gezwungen worden waren. Er war 1946 freiwillig und mit Freuden zurückgekehrt und überdies politisch nicht diskreditiert. Damit eignete er sich vorzüglich als Identifikationsfigur, für welche im Nachkriegs-Österreich erhöhter Bedarf bestand. Stolz wurde so zum Teil der nationalen Legende, nach der das wahre Österreich nie zu bestehen aufgehört hatte, seine Repräsentanten auch in der Fremde Anerkennung gefunden und nie die Liebe zum »Staat, den keiner wollte« verloren hatten. Robert Stolz – das war ein weltbekannter Österreicher, der sein Land über alles liebte und der dieser Liebe in hunderten Liedern und Melodien Ausdruck verliehen hatte.

Um die Bedeutung des Komponisten und Dirigenten Robert Stolz in einem zeitgemäßen Zusammenhang zu sehen, ist es allerdings notwendig, sein Leben und sein Werk losgelöst von der noch zu seinen Lebzeiten einsetzenden Legendenbildung und der Vermarktung seines Œuvres zu betrachten. Das ist rückschauend nicht ganz einfach, denn Wahrheiten und Legenden sind oft fast untrennbar miteinander verwoben. Stolz selbst hat dazu beigetragen, indem er entsprechend gefärbte Biographien autorisiert und selbst Fakten in andere Zusammenhänge gestellt hat: »Das mußt du so erzählen – ist ohnehin keiner dabei gewesen«, soll seine Frau Einzi wiederholt gesagt haben. Auf diese Weise wurden wichtige biographische Details zumindest ungenau dargestellt und begannen dann ein Eigenleben zu führen, das sich in zahllosen Artikeln, in Radio- und Fernsehsendungen und in Plattentexten zu Legenden verfestigt hat.

Eine Schlüsselrolle bei der Bewahrung und Pflege des musikalischen Erbes von Robert Stolz, aber auch in der Legendenbildung um den Altmeister spielt bis heute Marcel Prawy. In dessen allumfassender Musikliebe hatte dieser

Komponist seit jeher einen Ehrenplatz. Prawy liebte die Stolz-Lieder schon als Gymnasiast und lernte den Komponisten im Jahre 1936 persönlich kennen. Prawy war damals Assistent des Regisseurs Carmine Gallone, der in den Wiener Rosenhügel-Ateliers den Film *Confetti* mit Musik von Robert Stolz drehte. Während der amerikanischen Emigrationszeit war Prawy, jetzt Sekretär von Jan Kiepura, Zeuge der Operettenaufführungen am Broadway und wurde in den folgenden Jahren ein enger Freund des Komponisten. Prawy hat Robert Stolz zahlreiche Fernseh- und Radiosendungen, Vorträge und Shows gewidmet und immer versucht, auch Stars der Unterhaltungsmusik als Interpreten zu gewinnen. So sangen in seinen Produktionen etwa Milva, Udo Jürgens, Karel Gott und Michael Heltau Stolz-Lieder.

Prawy hat durch seine vielfältigen Aktivitäten aber auch entscheidend zur Verbereitung eines idealisierten Stolz-Bildes beigetragen, das historisch wie musikalisch problematisch ist. So schrieben etwa die »Salzburger Nachrichten« über die 1980 von Prawy produzierte Stolz-Show *Robert Stolz und sein Jahrhundert* im Theater an der Wien unter dem Titel »Glitzershow eines bösen Jahrhunderts«: »Schon gegen den Titel ist Protest abgebracht, denn wir wissen, daß dieses böse Jahrhundert sich nicht in der Koketterie von *Hallo du süße Klingelfee* und der bittersüßen Zärtlichkeit von *Servus Du* erschöpfte. Das große Potpourri, in dem Marcel Prawy Glanznummern aus dem Œuvre des Jubilars vereinigt hat, enthält einige grobe Geschmacklosigkeiten und einige Vergewaltigungen der historischen Wahrheit«.

Das von Prawy mit der Autorität eines Musikmeisters der Nation propagierte Stolz-Bild wirkt bis heute fort und hat eine ernsthafte Auseinandersetzung mit dem Lebenswerk dieses Komponisten behindert und teilweise sogar verhindert. Sein Freund Otto Schenk lieferte dafür die wohl richtige

Erklärung: »Er liebt das Ewige, nicht das Traditionelle. Manchmal hat er's verwechselt. ... Prawys Sehnsucht ist, daß das Vergangene so schön war, wie er möchte. Ich denke mir, er ist manchmal besser in seinem Wünschen und Wollen, als manches damals wirklich war«. (Prawy: S. 142) Noch rücksichtsvoller hat es der Schauspieler Michael Heltau formuliert: »Er hebt die Zeit auf – durch Liebe«. (Prawy: S. 193)

Um das Bild vom letzten Überlebenden einer großen Tradition, vom »personifizierten Evergreen« (Hans Weigel) aufrecht zu erhalten, wurden Übertreibungen und Schönfärbereien im kleinen und großen bewußt in Kauf genommen. So erinnerte sich beispielsweise der erst jüngst verstorbene Musikkritiker Franz Endler daran, wie ihm Robert Stolz anläßlich einer Radiosendung gestand, seine Frau hätte ihm die Entstehungsgeschichte des Liedes *Im Prater blüh'n wieder die Bäume* so lange vorgesagt, bis er die zwar sehr romantische, aber faktisch falsche Geschichte als seine eigene ausgegeben habe. (Endler: S. 275)

Schwerer als diese verständliche Schönfärberei fallen die ungenauen und teilweise falschen Darstellungen der Rolle von Stolz beim Siegeszug der *Lustigen Witwe* oder seiner Erfolge im amerikanischen Exil ins Gewicht. Denn Stolz wurde hier etwas angedichtet, was einer faktischen Überprüfung nicht standhält. Das gilt auch für die Ereignisse während der Zeit des Nationalsozialismus. Stolz-Werke wurden in Deutschland sogar noch während der Kriegsjahre gespielt und von der Nazi-Presse teilweise enthusiastisch aufgenommen. Daß sich Stolz trotzdem vom Regime nicht vereinnahmen ließ, freiwillig den schweren Weg in die Emigration wählte und Ausbürgerung und den Verlust seines Vermögens in Kauf nahm, verdient erst vor diesem Hintergrund vollen Respekt. Ihn als »politisch Verfemten« zu stilisieren, dessen Werke von den Nazis verboten wurden, wie dies Marcel

Prawy wiederholt getan hat, bedeutet eine Verfälschung seiner tatsächlichen moralischen Verdienste.

Fast scheint es so, daß das Bemühen, den Altmeister auf einen Sockel zu heben, auch als Ausgleich dafür herhalten mußte, daß sein musikalisches Lebenswerk schon in seinen letzten Lebensjahren an Wirkung verlor und heute, fast dreißig Jahre nach seinem Tod, langsam aus dem Bewußtsein der jüngeren Generationen zu verschwinden beginnt. Seine Bühnenwerke werden inzwischen kaum noch aufgeführt, und auch seine einstmaligen Weltschlager sind nur noch in Nostalgie-Programmen zu hören. Mehrere Versuche, von den Einzi Stolz gehörenden Musikverlagen »Astoria« in Graz und »Edition Rex« in München Daten über Aufführungen der Bühnenwerke von Robert Stolz in den letzten Jahren zu erhalten, blieben erfolglos.

Zu Beginn des Stolz-Centenariums im Jänner 1980 erschien in der Wiener Tageszeitung »Kurier« ein Porträt von Einzi Stolz, in dem der Journalist Wolfgang Höllrigl erstmals öffentlich die zwar erfolgreichen, aber manchmal fragwürdigen Vermarktungsmethoden der »lästigen Witwe« (so der Titel des Artikels) kritisierte. Erstmals erfuhr eine breitere Öffentlichkeit, daß die rund zehn Millionen Schilling an jährlichen Tantiemen von der Stolz-Witwe auch dazu verwendet wurden, Robert Stolz weiterhin einen Markt zu erkaufen. Höllrigl führte unter anderem an, Einzi Stolz würde oft ungünstige Verträge akzeptieren, nur damit seine Musik weiter gespielt werde, und hätte aus den Tantiemeneinnahmen sogar ein Denkmal selbst bezahlt.

Dieser Artikel verursachte große Aufregung. Stolz-Freund Prawy verteidigte die Aktivitäten von Einzi Stolz postwendend in einem Leserbrief als den Versuch »die Stolz-Musik aus dem Nostalgie-Bereich in die Gegenwart zu retten« und als »Drang zur Wiedergutmachung eines Unrechts, weil die österreichische Heimat ihren großen Sohn erst in den letzten fünfzehn Jahren seines Lebens richtig gewürdigt hat«.

Die Fakten sprechen allerdings nicht unbedingt für diese These. Ob Robert Stolz von der österreichischen Kulturpolitik nach Ende des Zweiten Weltkriegs schlecht behandelt wurde, ist eine offene Frage, zu der man geteilter Ansicht sein kann. Sicher war es ein kulturpolitisches Versäumnis, ihn nicht gleich nach seiner Rückkehr aus dem amerikanischen Exil stärker an die Volksoper zu gebunden zu haben. Unbestritten ist auch, daß Stolz als Dirigent zu spät für seinem Können angemessene Aufgaben eingesetzt wurde. Daß er nie die Chance bekam, ein Neujahrskonzert der Wiener Philharmoniker zu dirigieren, ist gleichfalls bedauerlich.

Faktum ist aber auch, daß dem Komponisten Robert Stolz nach dem Krieg mit seinen neuen Bühnenwerken vom *Schicksal mit Musik* (1946) bis zur *Hochzeit am Bodensee* (1969) keine wirklich durchschlagenden Erfolge mehr gelungen sind. Was man nach dem Krieg zu sehen bekam, waren fast alles Neubearbeitungen oder Umarbeitungen alter Werke, wie etwa *Der kleine Schwindel in Paris* (eine Adaption von *Der süßeste Schwindel der Welt* aus dem Jahre 1937), oder *Hallo das ist Liebe* (eine Neufassung von *Der Tanz ins Glück* aus 1921). Der einzige wirkliche Bühnenerfolg war die Volksopern-Produktion der *Frühjahrsparade* (1964), aber auch das war ein zweites Remake der populären Filme aus den Jahren 1934 und 1955.

Auch mit seinen Schlager-Schöpfungen aus den fünfziger und sechziger Jahren konnte er an seine großen Erfolge aus der Zwischenkriegszeit nicht mehr anschließen. Was man mit Stolz in dieser Zeit verband, waren ausschließlich seine damals bereits als »klassisch« geltenden Evergreens, die seine Popularität über lange Jahre konservierten.

Für eine Wiedergutmachung bestand also überhaupt kein Anlaß. Robert Stolz wurde, verglichen mit anderen Komponisten, noch zu Lebzeiten mit öffentlichen Ehrungen geradezu überhäuft. Kaum ein Orden, den er nicht erhalten, kaum ein Titel, den er nicht bekommen hat. Stolz wurde schon 1947, ein Jahr nach seiner Rückkehr nach Wien, mit dem Berufstitel »Professor« ausgezeichnet. Er erhielt die Ehrenbürgerschaft der Stadt Wien und seiner Geburtsstadt Graz, von St. Wolfgang am Wolfgangsee und Montclair in den USA. Er war Ehrenmitglied der Wiener Volksoper, des Israel Philharmonic Orchestra sowie der Bronx Philharmonic Society, weiters Träger von Ehrenringen der Stadt Graz, des Landes Steiermark, der Bregenzer Festspiele, der GEMA und der Wiener Volksoper. Stolz erhielt zahlreiche hohe österreichische und ausländische Orden und Ehrenzeichen sowie Goldene Schallplatten und eine Fülle weiterer Schallplattenpreise.

Allein in Wien gibt es heute zwei Denkmäler und eine Erinnerungstafel an seinem ehemaligen Wohnhaus, und es existierte eine Büste im Wiener Raimundtheater, die aber nach der Umwandlung dieses Hauses in ein reines Musical-Theater entfernt wurde. Zum Vergleich: Johann Strauß bekam sein Denkmal erst 1915, sechzehn Jahre nach seinem Tod. Für den als Komponisten weitaus bedeutenderen Gustav Mahler etwa gibt es bis heute kein Denkmal im öffentlichen Raum und schon gar kein repräsentatives Museum.

Robert Stolz empfand sich als letzter Meister des »silbernen« Operettenzeitalters und repräsentierte als Person diese Tradition, selbst auf die Gefahr, als Epigone abgewertet zu werden oder als altmodisch zu gelten. Dieses Bild wurde von seinen Sachwaltern nach seinem Tode aufrecht erhalten und sogar noch verstärkt. So kann man etwa in einem der einschlägigen Bücher lesen: »Die Melodien des Komponisten Robert Stolz klingen zum Ruhme der Wienerstadt und zur Freude der Welt weiter, sie klingen und singen in seinem Werk und auch in den faszinierenden Interpretationen des Dirigenten Robert Stolz, die ihn als das ausweisen, was er ist: der unübertroffene Meister der musikalischen Muttersprache Wiens, der letzte legitime Nachfolger der Dynastie der Wiener Walzerkönige«. (Brümmel: S. 48)

In seinen letzten Lebensjahren und nach seinem Tod wurde Robert Stolz zunehmend zum Gegenstand der Klatschkolumnen und der Regenbogenpresse, mit bunten Bildern, die das stets lächelnde Paar zeigten, und mit den entsprechenden G'schichterln. »Man hat aus Robert Stolz ein ›Punschkrapferl‹ gemacht«, resümierte der Musikkritiker Franz Endler treffend das Ergebnis dieser Bemühungen. Um das Interesse an ihm wach zu halten, vertraute die Witwe den bunten Illustrierten auch intime Details aus ihrem Privatleben an.

Das auf diese Weise entstandene Stolz-Bild konnte einer jüngeren Generation von Musikfreunden nichts mehr bedeuten, ja provozierte sogar Aversion. Verbunden mit den fragwürdigen Vermarktungsmethoden hat dieses Image bei Menschen, deren Musikerleben mehr durch den Intellekt als durch die Emotion gesteuert wird – und damit auch bei einer neuen Generation der Musikkritiker –, eine vorurteilsfreie Rezeption seines Werkes bis heute behindert.

Aus diesem Grund hat es eine echte Auseinandersetzung über den künsterischen Wert von Stolz' musikalischem Werk in der Zeit der Centenariumsfeiern und auch in den Jahren danach nicht gegeben. In neueren umfassenden Darstellungen, wie etwa dem Buch von Henry de La Grange »Wien. Eine Musikgeschichte« wird Stolz nur in einem Nebensatz als »erfolgreicher Schlagerkomponist« abgetan, was seinen wahren Leistungen für das musikalische Leben Österreichs in keiner Weise entspricht. (de La Grange: S. 408)

Aber diese Geringschätzung ist symptomatischer Ausdruck einer bis heute bestehenden Polarisierung: auf der einen Seite die geringer werdende Zahl seiner Fans, vorwiegend aus der älteren Generation, die ihn nach wie vor als österreichischen Weltkomponisten feiern, auf der anderen Seite die »seriösen« Musikliebhaber und viele jüngere, musikalisch interessierte Menschen, die ihn nur mehr als nostalgischen Kitschfabrikanten gelten lassen. Robert Stolz wird heute nicht ohne Grund vom größten Teil der Freunde der sogenannten ernsten Musik unterschätzt, genauso wie er von seinen Anhängern überschätzt wird.

Als Franz Lehár in den Himmel kommt, wird er dort von seinem Freund Puccini auf den Parnaß der Unterhaltung geführt. Dort erwartet ihn bereits das himmlische Orchester. An den Pulten sitzen Rossini und Offenbach, Bizet, Gluck, Meyerbeer, Liszt und Tschaikowsky. Am Schlagzeug sieht man Brahms und Bruckner an der Orgel. Wagner sitzt auf dem Platz der ersten Posaune und Schubert am ersten Geigenpult. Zuletzt drängt sich Beethoven herein – ihm machen sogar Bach und Haydn bereitwillig Platz. »Heute fehlt wirklich niemand«, sagt Puccini befriedigt und setzt sich zu den zweiten Geigen, gleich neben Verdi. Jetzt betritt der Dirigent den Saal – es ist natürlich Johann Strauß. Er hebt den Taktstock und Musik erklingt: ein Potpourri von Lehárs schönsten Melodien.

Diese hübsche Geschichte stammt von Willi Forst und verdient eine Fortsetzung. Denn während Strauß das himmlische Orchester dirigiert, bemerkt er den alten Herren, der unbemerkt nach Lehár eingetreten ist. Er nickt ihm zu, als würde er sich an ihn erinnern. »Hübsche Musik, die du da geschrieben hast«, hatte er ihm bei ihrer einzigen Begegnung vor langen Jahren gesagt. Strauß fordert Lehár auf, bei den Bratschen Platz zu nehmen, und erhebt erneut den Taktstock. Und das Orchester spielt als Zugabe eine Melodie von Robert Stolz.

Der Vielgeehrte:
mit Unterrichtsminister
Fred Sinowatz

Luftballons zum 94. Geburtstag

Mit Rudolf Schock beim Heurigen

Ein Höhepunkt des Stolz-Kults

Stolz mal 5 auf Postkarte

Stolz mal 6 auf Ersttagsbillet

Sechster Teil: Noch immer hör' ich jedes Lied …

Noch einmal: Strauß und Stolz

Heute sind wir gewohnt, daß der Name des Dirigenten auf dem Programmplakat größer gedruckt wird als der des Werkes oder des Komponisten. Aber der Typus des Stardirigenten, wie wir ihn heute kennen, war zu Beginn des zwanzigsten Jahrhunderts erst im Entstehen. Dirigenten waren entweder die Komponisten selbst, wenn sie ihre eigenen Werke zur Aufführung brachten, oder die an den jeweiligen Häusern engagierten Kapellmeister, deren Namen oft gar nicht auf dem Programmzettel zu finden waren.

Stolz war in dieser Kapellmeistertradition groß geworden. Neben seiner gediegenen musikalischen Ausbildung konnte er sich im Laufe der Jahre praktische Erfahrungen im Umgang mit fast allen Arten von Orchestern aneignen. Er hatte in Europa bereits mit zweit- und drittklassigen Kapellen und mit großen Symphonieorchestern gearbeitet, und er war mit der Arbeit in Film- und Tonstudios sehr gut vertraut. Sein Repertoire muß sehr groß gewesen sein, zudem konnte er sich Partituren rasch zu eigen machen. Einer seiner Biographen berichtet davon, daß er einmal in Brünn als Dirigent von Giuseppe Verdis *Troubadour* einspringen mußte und sich die ihm bis dahin unbekannte Partitur in einer halben Stunde so angeeignet hatte, daß er die Aufführung ohne Pannen leiten konnte. (Holm: S. 124) Das spricht für große Begabung und eine exzellente Beherrschung des Handwerks.

Daß Stolz der »authentische« Strauß-Dirigent oder gar der »Johann Strauß unserer Tage« gewesen wäre, ist allerdings wieder eine von seinen Fans genährte Legende. Sie hängt mit der Tatsache zusammen, daß er in seiner Jugend den Walzerkönig noch dirigieren sah. Diese Legende wird beiden Persönlichkeiten nicht gerecht, denn Strauß und Stolz waren Musiker ganz verschiedenen Zuschnitts. Gemeinsam war ihnen, daß beide in ihrer Zeit ungeheuer erfolgreiche Komponisten waren. Aber Strauß war noch mehr. Er war »die erste Pop-Berühmtheit der Welt, Komponist, Violinvirtuose und Dirigent, der riesige Menschenmassen mitzureißen verstand. Die Kontinente tanzten Walzer zu seiner Geige. Es war, als sei er der Zeremonienmeister eines neuartigen ausschweifenden Festes, das nicht nur den Erdball im Bann hielt, sondern gleichzeitig auch die Beschleunigung der Welt in die Moderne hinein ausdrückte. Ganz ohne Mithilfe der Massenmedien war Strauß zum Idol der Massen geworden – ein Erfolg, den ihm nicht einmal die Beatles nachmachen sollten«, schreibt Frederic Morton. (Morton: S. 28)

Der Walzerkönig war ein Jahrhundertphänomen und wurde allein kraft seiner Musik zum weltweiten Idol. Robert Stolz dagegen zeigte bei seinen öffentlichen Auftritten zwar Persönlichkeit und Stil, das Fluidum heutiger Stardirigenten fehlte ihm aber völlig. Er war sicherlich ein kompetenter Dirigent für Musik seines Zuschnitts, aber kein charismatischer Dirigier-Star und schon gar kein Pop-Star, als den man Johann Strauß ohne weiteres apostrophieren kann.

Daß sich die Legende vom »authentischen« Strauß-Dirigenten verfestigen konnte, hing auch mit den Konzerterfolgen in Amerika zusammen, wo Robert Stolz in Zeitungskritiken tatsächlich als der »Johann Strauß unserer

Tage« apostrophiert wurde. Geschickt »illustriert« wurde diese Legende, wohl ursprünglich durch Stolz selbst, mit der Geschichte vom »Szepter der Walzerkönige«: Dieser Taktstock aus Ebenholz, mit silbernen Ornamenten verziert, war ursprünglich im Besitz von Josef Helmesberger. Er sollte nach der Bestimmung des Initiators stets auf einen Nachfolger übergehen, der als Komponist wie auch als Dirigent weltberühmt sein mußte. Helmesberger schenkte ihn Franz von Suppé, der ihn an Johann Strauß weiterreichte. Adele Strauß gab ihn Lehár, und der soll ihn, folgt man Stolz' Erinnerungen, eines Tages an Stolz übergeben haben. Heute soll sich dieses Szepter in seinem Nachlaß befinden. In der Stolz-Biographie von Wolf-Dietrich Brümmel ist ein Foto davon abgebildet, das allerdings einen anderen Taktstock zeigt als den, der in einer Ausstellung im Jahre 1996 als »Szepter der Walzerkönige« präsentiert wurde.

Ob diese Geschichte tatsächlich wahr ist, läßt sich nicht mehr mit Sicherheit sagen. In den aktuellen Strauß- und Lehár-Biographien finden sich darüber jedenfalls keine Angaben. Musikhistoriker bezweifeln auch den von Stolz geschilderten Ablauf. Denn Johann Strauß und Franz Lehár sind einander persönlich nie begegnet, und daß seine Witwe Adele posthum einen derartig symbolträchtigen Akt gesetzt haben soll, ist sehr unwahrscheinlich. Wann Stolz das »Szepter« von Lehár erhalten haben soll, darüber macht er selbst keine Angaben, es könnte am ehesten zwischen 1946 und Lehárs Todesjahr 1948 gewesen sein. Stolz war allerdings zu dieser Zeit noch im amerikanischen Exil und erst ab November 1946 wieder in Wien. Lehár lebte mit seiner Frau Sophie in Zürich und ist nach der Plünderung seines Schlößls in Nußdorf durch die Nazis nie mehr nach Wien zurückgekehrt. Er hatte sich bereits vollständig aus dem öffentliche Leben zurückgezogen und war in diesen Jahren fast ausschließlich mit der Pflege seiner kranken Gattin beschäftigt, die am 1. September 1947 starb. Er fuhr dann allerdings auf Anraten seiner Ärzte im Juli 1948 nach Ischl und starb dort am 23. Oktober. Eine »Stabübergabe« hätte also aufgrund dieses Zeitablaufs nur bei einem Besuch von Robert Stolz in Zürich oder Ischl erfolgen können, was Stolz in seinen Erinnerungen sicher vermerkt hätte.

Wahrscheinlicher ist, daß dieses Szepter von Lehár an Oscar Straus weitergereicht wurde, wie der Lehár-Biograph Stefan Frey schreibt. Dieser erst soll es dann Stolz mit folgender Widmung weitergegeben haben: »Meinem lieben Kollegen Robert Stolz in Dankbarkeit für seine oft bewährte, leider unter Kollegen so seltene freundschaftliche Gesinnung. Herzlichst Oscar Straus«. (Frey: S. 198)

Rubato und »Wiener Schmiß«

Seine erste Schallplatte hat Robert Stolz laut eigenen Angaben 1904 eingespielt. Er begleitete mit einem Orchester die Hofopern-Diva Selma Kurz bei einer Arie der Königin der Nacht aus Mozarts *Die Zauberflöte*. Diese Aufnahme ist heute noch erhältlich, ob Stolz tatsächlich der Dirigent dieser Einspielung ist, läßt sich allerdings nicht mehr verifizieren. Sie stammt allerdings nach Angaben des Österreichischen Phonogramm-Archivs aus dem Jahre 1905. Stolz hat dann im Laufe seines langen Lebens rund dreihundert Schallplattenaufnahmen gemacht, zuerst auf Schellacks, und dann ab den sechziger Jahren auf Langspielplatten. Dank einer langjährigen Bekanntschaft mit Monti Lüftner, dem Chef von Ariola-Eurodisc, bekam er die Gelegenheit, eigene Werke und Wiener Musik in qualitativ hochwertigen Besetzungen einzuspielen. Es entstanden umfangreiche Editionen repräsentativer Werke von Stolz selbst, aber auch der klassischen Operetten von Johann Strauß, Franz Lehár und anderen. 1973 erhielt Robert Stolz den »Grand Prix du Disque« der »Académie Charles Gros« für das Doppelalbum *Zwei Herzen im Dreivierteltakt* und 1974 für die zwanzig Langspielplatten umfassende Anthologie *Die Goldene Zeit der Wiener Musik* sowie für eine zwölf Platten umfassende Edition *Robert Stolz dirigiert Johann Strauß*.

Allein die Aufnahmestatistik seiner bekanntesten Werke ist imposant. Von *Salome* sollen im Laufe von jetzt schon mehr als achtzig Jahren nicht weniger als hundertzehn Einspielungen gemacht worden sein, von *Im Prater blüh'n wieder die Bäume* vierundachtzig, von *Wien wird schön erst bei Nacht, Du sollst der Kaiser meiner Seele sein* und vom Filmwalzer *Zwei Herzen im Dreivierteltakt* jeweils über vierzig Einspielungen. Die meisten dieser Aufnahmen sind im Anhang des Werkkatalogs von Stephan Pflicht verzeichnet. In den letzten Jahrzehnten gab es diverse Auskoppelungen und viele Neuzusammenstellungen unter immer variierenden Titeln. Im Jubiläumsjahr 1980 brachte EMI eine repräsentative, vier Langspielplatten umfassende Edition unter dem Titel *Robert Stolz. Ein Leben in Melodien* heraus. Marcel Prawy edierte im selben Jahr die Doppel-LP *Robert Stolz und sein Jahrhundert*, mit interessanten Zeitdokumenten und einem repräsentativen Querschnitt durch das Lebenswerk des Jubilars.

Ob die Interpretationen der Werke klassischer Wiener Operettenmusik von Strauß bis Lehár durch Robert Stolz tatsächlich als »authentisch« gelten können, ist eine strittige Frage. Einzi Stolz schreibt dazu in ihren Erinnerungen:

Robert war der einzige Dirigent auf der Welt, der dazu befähigt war, diese authentische Interpretation zu geben. Er hatte noch den großen Johann Strauß dirigieren gesehen und mit dessen Orchester im Theater an der Wien gearbeitet. Er hatte von Lehár, Kálmán, Oscar Straus und vielen anderen persönliche Ratschläge bekommen und war von ihnen in alle Tempi und Rubati ihrer Werke eingeweiht worden. Jetzt, da Roberts Schallplatten als authentische Musterbeispiele dienen können, werden die Dirigenten der Zukunft diese musikalischen Edelsteine ohne Schwierigkeiten so dirigieren können, wie es ihnen zukommt. (Stolz: S. 492)

Auch Stolz selbst hat des öfteren für sich in Anspruch genommen, diese »authentische« Interpretationsweise zu vermitteln. Diese Behauptung läßt sich anhand seiner Schallplattenaufnahmen gut nachprüfen, denn die Stolz'sche Dirigierweise ist natürlich sehr gut dokumentiert. Für Robert Stolz war das Rubato »die Seele und Würze jeder Musikinterpretation«. Er dirigierte mit einer sehr ausgeprägten Agogik, fast jeden Takt ein einem anderen Tempo, auch bei Märschen. Dies galt vor allem für seine eigenen Werke. (Prawy: S. 199) Wie schon der Kritiker des »Wiener Fremdenblatts« bei seinem Dirigentendebüt im Theater an der Wien im September 1907 bemerkte, versuchte er jeder Musik »immer den Wiener Schmiß zu geben«, wobei er zumindest in jungen Jahren »eher für das Parkett als für die Akteure dirigierte«.

Da es von Johann Strauß keine Tondokumente gibt, kann der Anspruch auf eine authentische Dirigierweise, was dessen Werke betrifft, nur indirekt überprüft werden. Soweit bekannt ist, legte Strauß aber großen Wert auf rhythmische Genauigkeit. Er schrieb einmal an seinen Bruder Eduard: »Spiele streng im Walzertempo, ohne Ritardandi mit Ausnahme des Vortaktes ... Für Schlagwerk, Trompeten, selbst im Holz ist ein streng rhythmischer Walzerrhythmus vorhanden, der kein langsameres Tempo verträgt ... Die Melodie verlangt rhythmische Nachhilfe, die nur in der Begleitung liegt. Wird diese auch langsamer, dann ist die Wirkung geschmälert«. (Brunner: S. 325)

Allerdings fanden prominente Zeitgenossen von Strauß, wie etwa der Dirigent Hans von Bülow, »die Elastizität seiner Tempi« bemerkenswert. Das legt die Vermutung nahe, daß Strauß in konzertanten Aufführungen seiner Werke mit dem Tempo freier umging. Das spezielle Rubato des Wiener Walzers, vor allem die Eigenart, das zweite Viertel eine Nuance zu früh anzuspielen, was der Musik etwas Schwebendes verleiht, dürfte aber eher einer »Tradition des Ungeschriebenen« entspringen, wie etwa Nikolaus Harnoncourt vermutet. Stolz steht als Dirigent ganz in dieser vielfach als »wienerisch« geltenden Tradition. Ob diese Interpretationsweise aber unter Berufung auf Strauß als »authentisch« angesehen werden kann, ist zumindest fraglich. Der Schluß, den viele seiner Fans daraus ziehen, Stolz habe wie Strauß dirigiert, kann somit aus guten Gründen bezweifelt werden.

Die zahlreich vorhandenen Tondokumente belegen, daß die klassische Wiener Unterhaltungsmusik unter der Stabführung von Robert Stolz niemals ihr angestammtes Terrain verläßt. Dies gilt vor allem für die Werke von Johann Strauß. Die Musik wird nicht symphonisch aufgeladen wie etwa bei Karajan und natürlich auch nicht analytisch durchleuchtet wie etwa bei Harnoncourt. Die Strauß-Interpretationen von Robert Stolz sind sorgfältiger durchgearbeitet als etwa die von Willi Boskovsky. Durch die deutliche Betonung der Streicher bekommt die Musik unter seiner Stabführung etwas Altmeisterliches, was in der heutigen Zeit bereits als altmodisch gilt. Für heutige Hörgewohnheiten ist Stolz jedenfalls ein sehr traditioneller Dirigent, dessen Interpretationsweise sich am besten mit »musikantisch« umschreiben läßt. Am schönsten kommt diese Musikauffassung bei Werken der Wiener Unterhaltungsmusik zur Geltung, die einen volkstümlichen Ton anschlagen, wie etwa bei den Stücken von Joseph Lanner.

Was andere Meister der Wiener Operette betrifft, kann die Frage nach einer »authentischen« Dirigierweise von Robert Stolz besser beantwortet werden. Interessant ist ein Vergleich mit dem Dirigenten Franz Lehár. Von diesem liegen Aufnahmen von *Paganini* und *Giuditta* aus dem Jahre 1942 mit dem Großen Wiener Rundfunkorchester vor, die der ORF 1995 veröffentlicht hat. Außerdem existieren Auszüge aus *Das Land des Lächelns* mit Richard Tauber und der Staatskapelle Berlin und aus *Giuditta* mit Tauber, Jarmila Novotna und den Wiener Philharmonikern.

Bei diesen Werken ist ein direkter Vergleich mit den von Stolz ab 1970 vorgelegten Einspielungen mit den Berliner Symphonikern möglich. Dabei werden deutliche Unterschiede hörbar. Lehárs Musizierweise wirkt vergleichsweise abgeklärt, und er erzielt damit eine Geschlossenheit der Gesamtwirkung, die Stolz nicht erreicht. Dessen Interpretationen wirken schwungvoller – eben mit »Wiener Schmiß« –, aber auch äußerlicher. Stolz versieht Lehárs Musik gleichsam mit Unterstreichungen und Ausrufungszeichen und schafft damit mehr Lebendigkeit und Dramatik als der Komponist, der seine Musik wie von selbst fließen läßt.

Beide Dirigenten werden aber klar von Otto Ackermann übertroffen. Der unterschätzte Schweizer Dirigent hat in den Jahren 1953 bis 1955 mit dem Philharmonia Orchestra und erstklassigen Interpreten wie Elisabeth Schwarzkopf und Nicolai Gedda heute noch gültige Modellaufnahmen der *Lustigen Witwe*, von *Land des Lächelns* und *Eine Nacht in Venedig* eingespielt. Im Vergleich damit sind die Stolz'schen Interpretationen mehr als Dokumentation seines Repertoires zu werten. »Authentische Musterbeispiele«, wie Einzi

Stolz gemeint hatte, sind sie aber nicht. Das gilt besonders für die *Lustige Witwe*, mit der sich Stolz ja ein Leben lang beschäftigt hatte und wo er so etwas wie eine definitive Version hätte vorlegen können.

Der sogenannten E-Musik hat sich Robert Stolz ganz selten angenommen, und auch das nur in Form von Bearbeitungen. Eine Einspielung aus dem Jahre 1950, für die der damals siebzigjährige Komponist für Decca Melodien von Offenbach und Tschaikowsky zu Fantasien arrangiert hat, wurde damals ein Bestseller. Der Offenbach-Teil wurde erst jüngst auf CD wiederveröffentlicht und mit Zusammenstellungen von Kálmán- und Waldteufel-Melodien ergänzt. Stolz ebnet in dieser Aufnahme die Charakteristik der einzelnen Stücke zugunsten eines gefälligen Einheitsklangs ein, die Musik klingt wie von einem guten Salonorchester, das zum Fünfuhrtee aufspielt. Der gleichfalls auf dieser CD präsentierte Rakoczy-Marsch von Hector Berlioz mit den Wiener Symphonikern bestätigt diesen Eindruck. Selten hat man dieses Stück harmloser und ohne die hintergründige Dämonie gehört, die etwa Sir Georg Solti oder selbst der vergleichsweise biedere Sir Colin Davis diesem Bravourstück entlocken können.

Gemessen an seinen auf Tonträgern konservierten Leistungen war Robert Stolz sicher nicht der Dirigent von »höchster Weltklasse«, als den ihn seine Anhänger gerne sehen möchten. Die Schallplattenpreise, die Robert Stolz trotzdem erhalten hat, waren mehr Anerkennungen für die Person und ihr Lebenswerk als für herausragende Interpretationsleistungen. Wie viele seiner Kollegen brauchte er das Publikum, um zu Höchstleistungen fähig zu sein. Wer also den Dirigenten Robert Stolz »at his best« erleben will, ist auf die wenigen Live-Mitschnitte angewiesen, die heute erhältlich sind. Da gib es beispielsweise eine sehr gute Aufnahme der *Fledermaus*-Ouvertüre, die zumindest verständlich macht, warum Stolz bei seinen Anhängern als eminenter Operettendirigent gilt. Von der fast transzendentalen Luzidität, wie sie Carlos Kleiber und den Wiener Philharmonikern mit demselben Stück gelang, ist der Altmeister aber weit entfernt.

Der Geiger Toni Stricker, damals Konzertmeister eines Studioorchesters, erinnert sich an eine Aufnahmesitzung für eine Fernsehsendung in den letzten Lebensjahren von Robert Stolz.
Der Altmeister wird zum Pult geführt, greift nach dem Taktstock und gibt schwungvoll den ersten Einsatz. Es erklingt die Musik von *Zwei Herzen im Dreivierteltakt*. Nach ein paar Takten klopft Stolz ab und sagt: »Herr Stricker, bitte spielen'S so, wie ich dirigier'!«. Antwortet Stricker: »Geht net, Herr Professor – wir ham a Playback!«

Als Dirigent seiner eigenen Schöpfungen ist Robert Stolz vollkommen anders zu beurteilen. Hier trifft das oftmals bestätigte Vorurteil, Komponisten wären nicht die besten Dirigenten ihrer eigenen Werke, in keiner Weise zu. Bei seinen eigenen Kompositionen ist Robert Stolz als Dirigent noch immer unerreicht. Hier erlaubt er sich alle notwendigen phantasievollen Freiheiten, die seine Musik erst zum Klingen bringen.

Es ist aber nicht nur das empfindungsreiche Nachvollziehen der jeweiligen Stimmungen, was diese Kompositionen benötigen. Wie Marcel Prawy zu Recht hervorhebt, ist

Stolz ein Komponist, dessen Musik gleichsam »jeden Anzug tragen kann«, also jedes Arrangement verträgt. Das verschafft ihm einen Vorteil gegenüber anderen Komponisten. Für *Dein ist mein ganzes Herz* braucht es eine ausgebildete Opernstimme, die Stolz-Lieder kann man auch mit den Mitteln einer Chansonette gestalten, sie können sogar in der Interpretation durch einen entsprechend begabten Schauspieler faszinierend klingen. Seine Musik wurde von großen Orchestern, Jazzbands und Kunstpfeifern interpretiert und von so unterschiedlichen Künstlern wie Fritz Wunderlich und Michael Heltau, Richard Tauber und Udo Jürgens, Milva, Dagmar Koller und Giuseppe Di Stefano gesungen. Aber wirklich gute Stolz-Interpreten hat es immer nur wenige gegeben. Denn Stolz-Musik wirkt nur dann, wenn sie mit Persönlichkeit gleichsam aufgeladen wird. Schafft dies ein Interpret nicht, dann klingt diese Musik banal und äußerlich.

Aus den aktuellen Tonträgerkatalogen des Jahres 2002 ist zu ersehen, daß vom umfangreichen Schallplattenerbe des Robert Stolz relativ wenig neu auf CD aufgelegt wurde. Die für die Begleit-CD zum Buch ausgewählten Aufnahmen versuchen, diesem Umstand Rechnung zu tragen, und bieten Beispiele für Stolz als Dirigent eigener und fremder Werke, eine Auswahl aus seinen Welterfolgen und Filmschlagern sowie Unbekanntes und Untypisches als Beweis dafür, daß es zu einfach wäre, Robert Stolz bloß als populären Schlagerkomponisten abzutun.

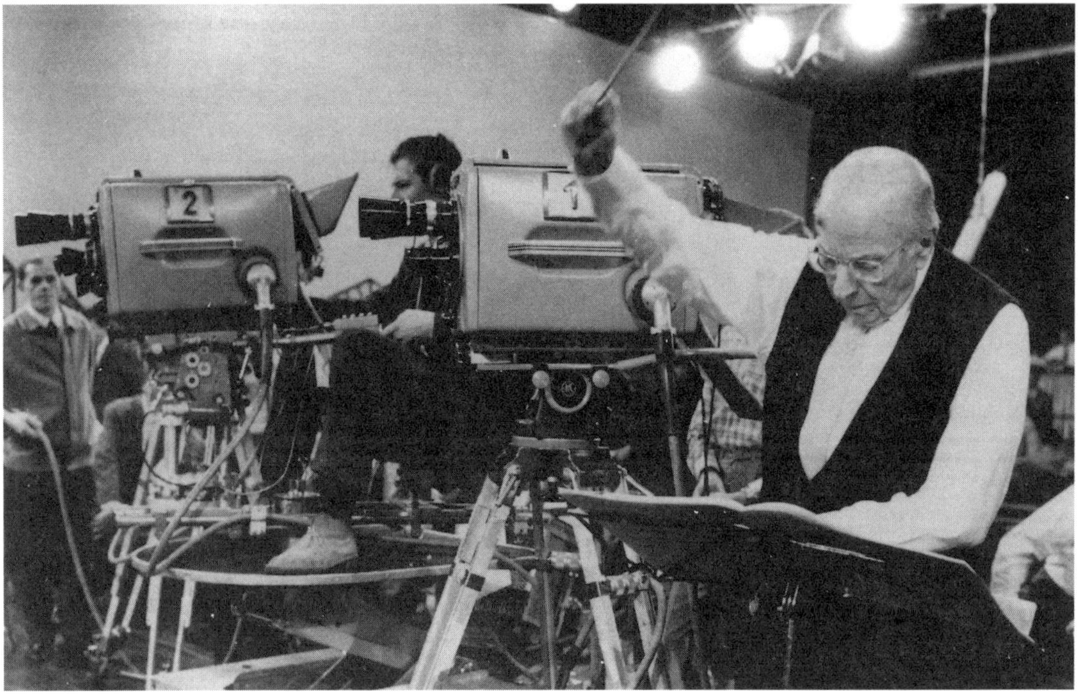

Im Fernsehstudio ohne Playback

Stolz mit seinem Kollegen Edmund Eysler

»Frühjahrsparade«
in der Volksoper;
mit Marcel Prawy, 1964

Zwei große Stolz-Interpreten:
Rudolf Schock (oben)
Peter Alexander (unten)

Die CD zum Buch

Fledermaus-Ouvertüre (Johann Strauß)

Noordhollands Philharmonisch Orkest/Stolz

Ein Konzert-Mitschnitt aus dem Jahre 1969 aus dem Concertgebouw. Hier schafft es der bereits Neunundachtzigjährige, das Orchester zu differenziertem Spiel anzuhalten und den tänzerischen Wirbel dieses Stücks trotz einiger aufgesetzt wirkenden Rubati hörbar zu machen. Ein Minus sind die von Stolz selbst neu arrangierten, bombastisch aufgeplusterten Schlußtakte.

Neuer Wiener Ländler (Joseph Lanner)

Berliner Symphoniker/Stolz

In der Aufnahme mit den Berliner Symphonikern trifft Robert Stolz den volktümlichen, etwas behäbigen Ton dieser Musik ideal und bringt dieses »kleine« Stück des bedeutenden Strauß-Konkurrenten Joseph Lanner angemessen zur Geltung. Eine schöne und stimmungsvolle Einspielung, die Stolz als kompetenten Dirigenten »wienerischer« Musik ausweist.

Servus Du, op. 102

Nicolai Gedda

Vom ersten großen Stolz-Schlager *Servus Du* (1911) existieren heute noch eine Fülle verschiedener Aufnahmen. Die erste Einspielung mit Franzi Ressel (Odeon) dürfte nicht mehr erhältlich sein. Nicolai Gedda wird dem gefühlvollen Lied mit seinem schlanken Tenor durchaus gerecht, ohne sentimental zu werden. Eine moderne Version dieses unverwüstlichen Evergreens.

Du sollst der Kaiser meiner Seele sein, aus op. 221
Hilde Güden

Eine der schönsten Melodien von Robert Stolz, wenn nicht überhaupt die schönste, ist *Du sollst der Kaiser meiner Seele sein* aus der Operette *Der Favorit* (1916). Dem damals sechsunddreißigjährigen Komponisten ist mit diesem Lied, auch dank des kongenialen Textes von Fritz Grünbaum und Wilhelm Sterk, ein stimmiges Gegenstück zum Lehár-Schlager *Dein ist mein ganzes Herz* gelungen. Die »klassische« Interpretation, durch die dieses Lied auch ein Welterfolg wurde, stammt von Joseph Schmidt und ist natürlich auch heute noch empfehlenswert. Stimmiger klingt es allerdings, wenn die Melodie, wie ursprünglich vom Komponisten auch vorgesehen, von einer Frauenstimme gesungen wird. Wir haben die Wahl zwischen einer gefühlig-operettigen Version mit Vera Schwarz (auf Bel Age) und einer breit zelebrierten Aufnahme mit Monserrat Caballé. Mein Favorit ist die Einspielung mit Hilde Güden, die es schafft, eine Balance zwischen Sentiment und Ausdruck zu halten und zudem noch mit einer wundervoll aufblühenden Stimme singt.

Im Prater blüh'n wieder die Bäume, op. 247
Richard Tauber

Vom Praterlied existiert eine Fülle guter Aufnahmen, darunter eine mit Franzi Ressel auf Schellack, die längst vergriffen ist, und eine englische Version, *The Woods of Vienna Are Calling*, mit dem von Toscanini sehr geschätzten Tenor Jan Peerce. Ich empfehle die Einspielung mit Richard Tauber, der in diesem berühmten Lied den ganzen Zauber seiner geschmeidigen, herrlich timbrierten Stimme entfaltet.

Salome, op. 355

Robert Stolz

Orchester Günther Noris

Vom Foxtrott-Schlager *Salome* (1919) empfehle ich wegen des heutzutage fast unakzeptablen Textes rein orchestrale Versionen. Wer nostalgische Tanzmusik liebt, wird zur Aufnahme mit dem Orchester Marek Weber greifen, die aber schwer erhältlich sein dürfte. Eine klassisch-symphonische Version bieten die Berliner Symphoniker unter der Stabführung des Komponisten. Empfehlenswert ist die moderner klingende Interpretation mit Günther Noris und seinem Orchester.

A klane Drahrerei, aus op. 360

Michael Heltau

Diese bekannteste Nummer aus dem 1920 entstandenen *Sperrsechserl* ist eines der klassischen Wienerlieder geworden und noch heute ab und zu beim Heurigen zu hören. Michael Heltau, ein Schauspieler mit Stimme, liefert eine etwas noblere Version, weniger urig-gemütlich, dafür aber charmant und mit exzellenter Orchesterbegleitung.

Zwei Herzen im Dreivierteltakt, op. 548

Berliner Symphoniker/Stolz

Obwohl Robert Stolz mit seinen Operetten und Liedern bereits in den zwanziger Jahren populär wurde, erreichte er erst mit Beginn des Tonfilms internationale Bekanntheit. Der Titelwalzer aus dem Film *Zwei Herzen im Dreivierteltakt*, komponiert 1930, wurde der erste wirkliche Welterfolg für den damals fünfzigjährigen Komponisten. Die Berliner Symphoniker unter der Leitung des Komponisten liefern eine klassische Version dieses populärsten Stolz-Walzers.

Adieu mein kleiner Gardeoffizier, op. 559

Liane Haid

Dieser international bekannt gewordene Stolz-Schlager stammt aus dem 1930 produzierten Film *Das Lied ist aus.* Die Aufnahme mit der Hauptdarstellerin Liane Haid, begleitet von der Lewis-Ruth-Band unter der Leitung des Komponisten, vermittelt auch heute noch etwas vom authentischen Flair des wohl anspruchsvollsten Films, zu dem Robert Stolz die Musik geschrieben hat.

Mein Herz ruft immer nur nach dir, o Marita, op. 618

Comedian Harmonists

Für dieses 1932 komponierte Lied hat Robert Stolz eine bereits 1925 geschaffene Vorlage verwendet. Der Schlager wurde dann als Titelsong des Films *Mein Herz ruft nach dir* (1934) in der Interpretation von Jan Kiepura populär. Die hier präsentierte Version der Comedian Harmonists ist der einzige Stolz-Titel, den dieses berühmte Vokalquintett aufgenommen hat. Eine stimmlich glänzende Darbietung von artifizieller Virtuosität, in der die Qualität der Interpretation die der Komposition übertrifft.

Auf der Heide blüh'n die letzten Rosen, op. 655

Thomas Hampson

Dieses Lied im Volkston aus dem Film *Herbstmanöver* (1935) wurde durch Leo Slezak populär. Ich empfehle dennoch die Version mit Thomas Hampson, die auf einer 1999 erschienenen CD mit klassischen Operettenarien zu finden ist. Der amerikanische Bariton singt dieses Lied mit schlanker Stimme und sauberer, fast akzentfreier Diktion, ohne je sentimental oder oberflächlich zu werden. Die sorgfältige orchestrale Begleitung durch Franz Welser-Möst mit dem London Philharmonic Orchestra unterstützt eine moderne

Interpretation, welche diese Stolz-Melodie in die Nähe von Schubert rückt.

Ich liebe dich, op. 686

Nicolai Gedda

Dieses Lied auf einen Text von Ernst Marischka stammt aus dem 1937 produzierten Film *Zauber der Bohème*. Es zählt zu den weniger bekannten Stolz-Titeln, ist aber eines der schönsten Liebeslieder, die je geschrieben wurden und wurde in zahlreiche Sprachen übersetzt, darunter auch in italienisch, spanisch, dänisch und lettisch. Der Tenor Nicolai Gedda singt dieses Lied unsentimental und mit schlanker Tongebung.

Valse brillante in C-Dur, op. 4

Barbara Moser

Das 1898 komponierte Klavierstück *Valse brillante in C-Dur* ist mehr als eine Talentprobe des damals achtzehnjährigen Stolz. Der schwungvolle Walzer verrät zwar das Vorbild Chopin, aber auch das Bemühen um eine eigenständige Form des Ausdrucks, damals noch ganz der Klassik verpflichtet. Die junge Wiener Pianistin Barbara Moser liefert eine tatsächlich brillante Interpretation.

Das Glückerl, aus op. 72

Alexander Girardi

Die 1910 am Wiener Raimundtheater uraufgeführte Operette *Das Glücksmädel* war der erste Erfolg des jungen Robert Stolz als Operettenkomponist, nicht zuletzt dank der Mitwirkung des großen Alexander Girardi. Die im selben Jahr entstandene Aufnahme des Liedes *Das Glückerl* beweist, daß Girardi nicht nur ein begnadeter Schauspieler war, sondern auch über beachtliche stimmliche Mittel verfügte. Die Tonqualität dieser Rarität ist erstaunlich gut.

Ave Maria, op. 621
Rudolf Schock

Das 1933 in einer kritischen Lebensphase des Komponisten entstandene *Ave Maria* zeigt zwar Anklänge an Puccini, ist aber eine ausdruckstarke und eigenständige Vertonung des lateinischen Textes, die verständlich macht, daß Toscanini diese Komposition als »superb« gelobt haben soll. Rudolf Schock singt mit noch intakter Stimme, strahlend und ohne zuviel Sentiment.

When April Sings, op. 626
Deanna Durbin

Dieses 1934 für den Film *Frühjahrsparade* komponierte Lied hatte ursprünglich den Titel *Weißt Kinderl, wo man blond sein muß* und wurde dann mit einem neuen englischem Text für das amerikanische Remake verwendet. Auf einer sonst zusammengestoppelten Edition von Stolz-Werken (Koch) findet sich als kleiner Schatz auch die originale Interpretation dieses Liedes *When April Sings*, von der Hauptdarstellerin des Films, Deanna Durbin, mit reizender Naivität gesungen.

Die Glocken von St. Stephan
Berliner Symphoniker/Stolz

Von reizvoller Qualität ist das um 1960 entstandene Charakterstück *The Bells of St. Stephen's*, von dem eine Aufnahme mit den Berliner Symphonikern unter der Leitung des Komponisten vorliegt. Stolz erweist sich als Tondichter von einigem Format, die Aufnahme hat Atmosphäre und Stimmung.

Robert Stolz auf CD (eine Auswahl)

Das Schönste von Robert Stolz
Instrumentale Aufnahmen mit den Berliner Symphonikern unter der Leitung des Komponisten.
BMG CLASSICS GD 69310

Die schönsten Melodien
Operstars singen Robert Stolz.
EMI CLASSICS 0777 76455129-653
James Last spielt Robert Stolz.
POLYDOR 821 114-2

Die goldene Zeit der Wiener Musik
Aufnahmen der klassischen Wiener Unterhaltungsmusik mit den Berliner und den Wiener Symphonikern unter der Leitung von Robert Stolz.
(zwölf CDs)
EURODISC 74321 29362 2 (681)

Wiener Bonbons
Robert Stolz dirigiert Johann Strauß. (fünf CDs)
EURODISC 74321 25911 2 (665)

Robert Stolz. Große Tenöre singen seine schönsten Lieder
PARNASS CLUB EXKLUSIV 32 203 2

Mein Liebeslied muß ein Walzer sein
Höhepunkte aus Wiener Operetten von Strauß bis Stolz.
(drei CDs)
EURODISC 74321 26187 2 (650)

Unvergessener Robert Stolz
SONO CORD CLUB EXKLUSIV 30 633 2

Robert Stolz – Musik war mein Leben
Aufnahmen mit den Wiener Symphonikern.
ELITE SPECIAL 73389

Two Hearts in a Waltztime
Robert-Stolz-Evergreens in Orchesterarrangements.
BELART 461 049-2

Various Artists sing Robert Stolz
BEL AGE BLA 103.007

Traumflüge
Margot Werner singt Robert Stolz.
TREND CD 156.220

Literaturverzeichnis

Literatur über Robert Stolz

Fred Bredschneyder: Robert Stolz in Holland. Amsterdam, o. J.

Wolf-Dietrich Brümmel: Robert Stolz: Melodie eines Lebens. Wien 1969, Donauland

Klaus Eidam: Robert Stolz. Biographie eines Phänomens. Berlin 1989, Lied der Zeit Musikverlag

Othmar Herbrich: Robert Stolz. König der Melodie. Wien 1975, Amalthea

Franz Hertel: Das Phänomen Robert Stolz. Dissertation, Wien 1978

Gustav Holm: Im Dreivierteltakt durch die Welt. Linz/Wien 1948, Ibis-Verlag

Attila Láng: Melodie aus Wien. Robert Stolz und sein Werk. Wien 1980, Jugend und Volk

Pflicht, Stephan: Robert Stolz Werkverzeichnis. München–Salzburg 1981, Musikverlag Katzenbichler

Robert Stolz und Einzi Stolz: Servus Du. München 1980, Blanvalet-Verlag

Hans Weigel: Ewig junger Robert Stolz. Berlin 1970, Ariola Eurodisc

Weiterführende Literatur

Anton Bauer: Opern und Operetten in Wien. Wien 1955, Böhlau-Verlag

Veronika Beci: Musiker und Mächtige. Düsseldorf 2001, Artemis & Winkler

Michael E. Birdwell: Das andere Hollywood der dreißiger Jahre. Hamburg–Wien 2000, Europa-Verlag

Willi Boelcke (Hg.): Die geheimen Goebbels-Konferenzen 1939–43. Stuttgart 1967

Christian Cargnelli/Michael Omasta (Hg.): Aufbruch ins Ungewisse. Österreichische Filmschaffende in der Emigration vor 1945. Wien 1993, Wespennest-Verlag

Moritz Csàky: Ideologie der Operette und Wiener Moderne. Wien–Köln–Weimar 1996

Franz Endler: Johann Strauß. Wien 1998, Amalthea-Verlag

Stefan Frey: »Was sagt ihr zu diesem Erfolg«. Franz Lehár und die Unterhaltungsmusik im 20. Jahrhundert. Frankfurt/Main 1999, Insel-Verlag
Walter Fritz: Im Kino erlebe ich die Welt. 100 Jahre Kino und Film in Österreich. Wien 1997, Brandstätter-Verlag
Henry de La Grange: Wien. Eine Musikgeschichte. Frankfurt/Main 1997, Insel-Verlag
Bernhard Grun: Gold und Silber. Franz Lehár und seine Welt. München 1970
Malte Hagener u.a.: Als die Filme singen lernten. Innovation und Tradition im Musikfilm 1928–1938. München 1999, edition text+kritik
Hilde Haider-Pregler/Peter Roessler (Hg.): Zeit der Befreiung. Wiener Theater nach 1945. Wien 1998, Picus-Verlag
Fritz Hennenberg: »Es muß was Wunderbares sein ...«. Ralph Benatzky zwischen »Weißem Rössl« und Hollywood. Wien o.J., Zsolnay-Verlag
Rudolf Holzer: Die Wiener Vorstadtbühnen. Wien 1951
Michael Jürgs: Gern hab' ich die Frau'n geküßt. Die Richard-Tauber-Biographie. München 2000, List-Taschenbuch
Hellmuth Karasek: Billy Wilder. Eine Nahaufnahme. Hamburg 1992, Hoffmann & Campe
Michael H. Kater: Die mißbrauchte Muse. Musiker im Dritten Reich. München–Wien 1998, Europa-Verlag
Otto Keller: Die Operette. Wien 1926, Stein-Verlag
Christian Klösch/Regina Thumser: From Vienna. Exilkabarett in New York 1838 bis 1950. Wien 2002, Picus-Verlag
Joseph Krips: Erinnerungen. Wien 1994, Böhlau-Verlag
Norbert Linke: Franz Lehár. Reinbek/Hamburg o. J., rororo
Georg Markus: Das große Karl Farkas Buch. Wien 1993, Amalthea-Verlag
Anton Mayer: Johann Strauß. Ein Pop-Idol des 19. Jahrhunderts. Wien 1998, Böhlau-Verlag
Frederic Morton: Ein letzter Walzer. Wien 1997, Deuticke-Verlag
Marcel Prawy erzählt aus seinem Leben. Wien 2001, Kremayr & Scheriau
Peter Raabe: Die Musik im Dritten Reich. Regensburg 1935

Hans Schnoor: Oper, Operette und Konzert. Gütersloh 1955
Roman Seeliger: Die Wiener Eisrevue. Ein verklungener Traum. Wien 1993, hpt-Verlag
Jerzy Toeplitz: Geschichte des Films, Band 2 (1928–1933). Berlin 1992, Henschel-Verlag
Ein Walzer muß es sein. Alfred Grünwald und die Wiener Operette. Wien 1991, Ueberreuter-Verlag
Das Wiener Kaffeehaus. Wien 1986, Brandstätter-Verlag
Peter Wicke: Von Mozart zu Madonna. Eine Kulturgeschichte der Pop-Musik. Leipzig 1998, Gustav Kiepenheuer-Verlag
Alexander Witeschnik: Musik aus Wien. Die Geschichte einer Weltverzauberung. Wien 1943
Joseph Wulf: Kultur im Dritten Reich, Band 5: Musik. Frankfurt/Main 1982

Personenregister

Copyrightvermerk

Stefan Amsüss: S. 188
Aus der Sammlung des Bezirksmuseum Döbling: S. 104, 225, 227
British Film Institute: S. 75
Michael Horowitz: S. 208
Prof. Winifred Jakob: Karikatur S. 210
Dieter Brasch: S. 210
Mit freundlicher Genehmigung aus dem Privatarchiv von Gerhard Menhard: S. 35, 50, 105, 107, 187, 190, 209, 226
Franz Votava: S. 207